幾度となく訪れたい、心の旅

大人の伊勢神宮

令和版

contents

第4章 大人の伊勢散歩

第5章 伊勢参りの宿

COVER
写真＝Kankan　装丁＝松崎理
photo: Kankan　Art Direction: Matsuzaki Osamu (yd)

参拝する前にもう一度押さえておきたい！

伊勢神宮の基本用語をおさらい

古き良き伝統が生きている伊勢神宮は、神道用語や、専門の言葉を知ることで、
より深い充実した参拝ができるところ。とくに神宮はお祭りをする場所であることから、
重要なお祭りの意味は、おさらいしておきましょう。

イラスト＝宇和島太郎
illustration:Taro Uwajima

伊勢神宮は外宮から参拝する

伊勢神宮の正式名称は「神宮」。神宮は天照大御神《あまてらすおおみかみ》をお祀りする皇大神宮《こうたいじんぐう》（内宮《ないくう》）と、豊受大御神《とようけのおおみかみ》をお祀りする豊受大神宮《とようけだいじんぐう》（外宮《げくう》）をはじめ、125社の宮社の総称です。神宮では「外宮先祭《げくうせんさい》」といい、式年遷宮以外のお祭りは外宮、内宮の順に行われます。私たちも古くからのならわしに従い、外宮、そして内宮の順で両宮を参拝しましょう。

神宮の広さは約5500ヘクタール以上

神宮の敷地は宮域林（神宮の森）だけでも、約5500ヘクタールという広大な場所。東京都世田谷区の面積と同じくらいです。内宮のご社殿を中心とした神域は93ヘクタールで、大御神のご鎮座以来、まったく斧を入れていない禁伐林となっています。

私幣禁断《しへいきんだん》

神宮は皇祖神である天照大御神をお祀りする場所です。かつては天皇以外が捧げものをお供えすることを禁止した「私幣禁断」という制度があり、個人的な捧げものは禁じられていました（参拝は禁止されていませんでした）。そのため、現在も内宮と外宮のご正宮には賽銭箱がなく、白い布が敷かれた場所にお賽銭を入れるようになっています。

唯一神明造《ゆいいつしんめいづくり》

内宮、外宮のご正殿は「唯一神明造《ゆいいつしんめいづくり》」と呼ばれる神宮独特の建築様式。弥生時代の高床式穀倉が原型です。ヒノキの素木を用いた切妻造りの平入りで、掘っ立て柱に、屋根は萱を使用しています。

式年遷宮《しきねんせんぐう》

20年に1度、内宮・外宮のご正殿をはじめ、ご装束や神宝などをすべて新しく造り替え、神様に新しいお宮にお遷りいただくお祭り。8年前から遷宮に関わるお祭りが本格的に始まり、クライマックスは神様が新しいお宮に遷る「遷御《せんぎょ》」です。およそ1300年前、持統天皇4年(690)に始まり、平成25年(2013)には第62回式年遷宮が行われ、年間参拝者が1400万人に達しました。

神嘗祭《かんなめさい》

天照大御神が「日本民族の主食にするように」とお授けになった稲。その感謝とともに、収穫の秋に初穂を神様に捧げるお祭りが神嘗祭です。神宮では年間1500回ものお祭りがありますが、多くは稲に関わるお祭りで、神嘗祭はその中でも、もっとも重要なお祭りです。神嘗祭、6月と12月の月次祭《つきなみさい》を三節祭《さんせつさい》といい、祈年祭《きねんさい》と新嘗祭《にいなめさい》を加えて五大祭と呼ぶこともあります。

日別朝夕大御饌祭《ひごとあさゆうおおみけさい》

毎日朝と夕の二度、外宮の御饌殿《みけでん》で御飯、御水、御塩などを天照大御神に奉り、感謝と祈りを捧げるお祭り。神饌《しんせん》は外宮の忌火屋殿《いみびやでん》という建物で、神域内の井戸から汲まれる清らかな御水と、昔ながらの火きり具でおこした火(忌火)で調理されます。豊受大御神が伊勢の地に招かれた1500年前から続けられている大切なお祭りです。

第1章

永遠の心のふるさと伊勢神宮へ

伊勢神宮・内宮の宇治橋

神嘗祭、御神楽（みかぐら）奉奏のために並ぶ楽師たち。夕刻、午後6時ごろから、夜10時ごろまで、演奏と舞が、神に捧げられる。

参宮の真髄

神宮の神祭り

年間約1500回ものお祭りが行われている神宮。
毎日2回の日別朝夕大御饌祭をはじめ、毎年決められた日時に恒例祭典が行われています。
最も重要な神嘗祭と、6月と12月の月次祭はあわせて「三節祭《さんせつさい》」、
このほか、祈年祭と新嘗祭も重要なお祭りです。
お祭りの基本は、神々を祭る（祀る）こと。
私たち人間が楽しむために、賑やかに行う〝おまつり〟でなく、
神宮では古義を重んじ、厳かに粛々と神々に奉仕するお祭りが行われています。
また、年間の恒例祭典のほか、大麻（お神札）、
暦に関する祭典など数多くの祭典もあります。

写真＝Kankan
photo: Kankan

月次祭《つきなみさい》　6月15日〜6月25日

6月と12月に行われる月次祭は三節祭の一つ。午後10時、午前2時の二度にわたり、「由貴大御饌《ゆきのおおみけ》の儀」が、正午には「奉幣《ほうへい》の儀」が行われ、皇室の弥栄、五穀の豊穣、国家の隆昌、国民の平安を祈願します。両正宮に続き、別宮以下諸宮社でもお祭りが行われます。

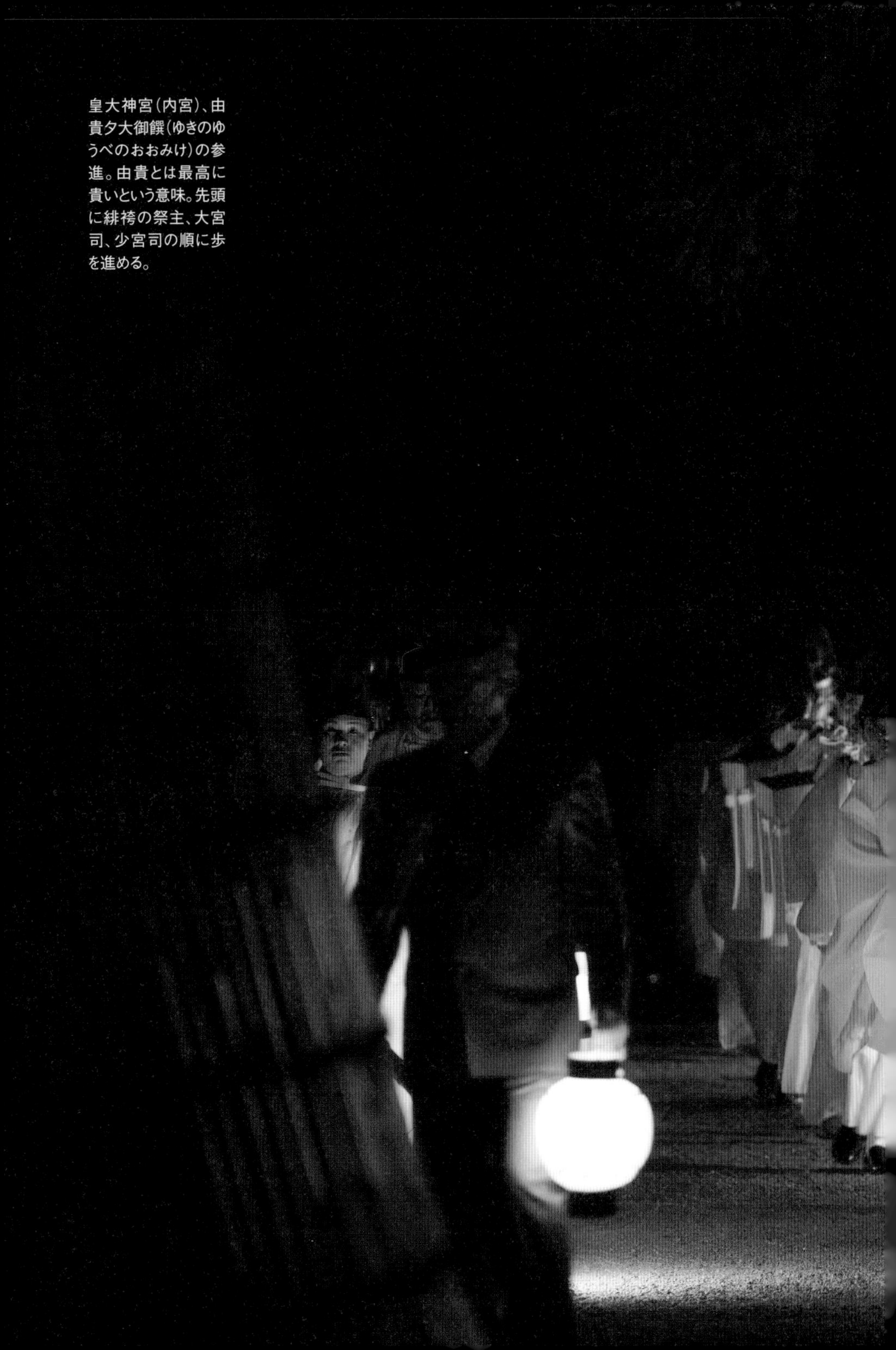

皇大神宮（内宮）、由貴夕大御饌（ゆきのゆうべのおおみけ）の参進。由貴とは最高に貴いという意味。先頭に緋袴の祭主、大宮司、少宮司の順に歩を進める。

神嘗祭《かんなめさい》　10月15日～10月25日

神嘗祭はその年の新穀を最初に天照大御神に奉り、大御神の御神徳に感謝するお祭りです。午後10時、午前2時の二度にわたり「由貴大御饌の儀」が、正午には勅使を迎えた「奉幣の儀」が行われます。年間1500回におよぶ神宮のお祭りの中でも、最も重要なお祭りであり、興玉神祭《おきたまのかみさい》、御卜《みうら》、御神楽《みかぐら》などの諸祭、神饌を作るための数々のお祭り、年間の祭典は神嘗祭を中心に行われていると言えます。両正宮に続き、別宮以下諸宮社でもお祭りが行われます。

右／内宮別宮、月読宮にて、由貴夕大御饌。奉仕する神職は二手に分かれる。左／内宮奉幣、修祓（しゅはつ）の様子。祭事に先だち、天皇陛下からの幣帛（へいはく）をはじめ、勅使等をお浄めする。

神嘗祭《かんなめさい》

雨儀にて行われた神嘗祭奉幣。内宮ご正宮に向け、石階を登る神職たち。雨の際には、和傘を差して参進し、修祓は五丈殿内で行う。

豊受大神宮、月次祭の奉幣に
向かう神職たち。鳥居のように
見える御門のところにおいでな
のが、祭主の黒田清子様。大
宮司、少宮司が続く。

月次祭《つきなみさい》　12月15日〜12月25日

6月と12月に行われる月次祭は三節祭の一つ。午後10時、午前2時の二度にわたり、「由貴大御饌の儀」が、正午には「奉幣の儀」が行われ、皇室の弥栄、五穀の豊穣、国家の隆昌、国民の平安を祈願します。両正宮に続き、別宮以下諸宮社でもお祭りが行われます。

右／朝陽を浴び、豊受大神宮、御饌殿に向けて進む神職たち。辛櫃（からひつ）の中には、神様のお食事、神饌が納められている。左／上御井神社でお水を汲む神職たち。1500年続く神宮の大切なお祭りのために、誠にあふれつつ奉仕をするのである。

日別朝夕大御饌祭《ひごとあさゆうおおみけさい》

豊受大神宮《とようけだいじんぐう》（外宮）ではご鎮座以来１５００年間、雨の日も風の日も毎日朝夕の二度、天照大御神をはじめ、両正宮、同相殿神および各別宮諸神にお食事を奉るお祭りが御饌殿で行われています。

お供えされる神饌の基本は御飯《おんいい》三盛、御塩《みしお》、御水《おみず》。つまり、ご飯と塩と水です。これに鰹節、魚、海藻、季節の野菜と果物、御酒《みき》三献の神饌です。

神饌の品々は基本的に神宮で自足自給されています。お米は毎年神様からいただく忌種《ゆだね》を神田にまくお祭りから始まり、お田植えや豊作を祈る多くのお祭りを奉仕して作られたお米です。

御塩は御塩浜という塩田で古式のままに海水を煮詰め、焼き固めた堅塩を作り、御水は外宮神域内にある上御井神社で毎日お汲みします。また、野菜と果物は神宮御園《じんぐうみその》で身を清めた神宮の職員が心を込めて栽培しています。

神饌の調理は忌火屋殿《いみびやでん》という建物で、お祭りに奉仕する神職は前夜から斎館でお籠もりし、沐浴して身を清めてから調理にとりかかります。神饌は特別に起こした清浄な火＝「忌火《いみび》」で調理することになっており、古《いにしえ》から火鑽具《ひきりぐ》を用い、木と木をすりあわせて火を起こします。

そして、忌火屋殿前の祓所《はらえど》で、辛櫃《からひつ》に納められた神饌と神職が御塩にてお清めされた後、御饌殿に運ばれ、神々にお供えする神事が行われます。祝詞を奏上し、皇室の安泰、国民の幸福がお祈りされます。

火鑽具を用いる神職。心棒に縄を巻きつけ回転する仕組みの火鑽杵を、火鑽臼の穴にあて激しく回転させることで火を起こすのである。

祈年祭《きねんさい》

年間のお祭り（恒例祭典）スケジュール

日	お祭り	内容
一月一日	**歳旦祭《さいたんさい》**	新しい年のはじめをお祝いし、皇室の弥栄（いやさか）、五穀の豊穣、国家の隆昌（りゅうしょう）、国民の平安をお祈りします。
一月三日	**元始祭《げんしさい》**	年の始めにあたり、宮中三殿において天皇陛下が皇位の元始を祝い奉るお祭りを執り行われるのにあわせ、神宮でも皇位の永遠をお祈りします。
一月七日	**昭和天皇祭遙拝《しょうわてんのうさいようはい》**	昭和天皇がおかくれになられた日、宮中の皇霊殿において昭和天皇祭が執り行われるのにあわせ、神宮では遙拝式を行います。【内宮第一鳥居内祓所】
一月十一日	**一月十一日御饌《いちがつじゅういちにちみけ》**	内宮正宮の四丈殿で、両正宮をはじめ、諸宮社におまつりするすべての神々に御饌を奉り、一年に一度、神々が天照大御神と、御饌をともにされるお祭りです。続いて五丈殿では日本古来の歌舞「東遊（あずまあそび）」が行われます。
二月十一日	**建国記念祭《けんこくきねんさい》**	神武天皇が橿原の地（奈良県）に宮を建てて、初代天皇に御即位されたと伝わる日で、神宮をはじめ、全国の神社では国のはじめをお祝いするお祭りが行われます。
二月十七日から二月二十三日まで	**祈年祭《きねんさい》**	「としごいのまつり」ともいい、春の耕作始めの時期にあたり、神宮では神々にお食事をお供えする「大御饌の儀」と、勅使が天皇陛下の幣帛を奉る「奉幣の儀」が行われ、五穀の豊穣を祈念します。祈年祭は両正宮に引き続き二月二十三日まで、すべてのお社でも行われます。
二月二十三日	**天長祭《てんちょうさい》**	天皇陛下の御誕生日をお祝いして、御長寿と国民の平安をお祈りするお祭りです。
春分の日	**春季皇霊祭遙拝《しゅんきこうれいさいようはい》**	宮中の皇霊殿で天皇陛下が歴代天皇・皇后・皇親等の神霊のお祭りを行われるのにあわせ、神宮では遙拝式を行います。【内宮第一鳥居内祓所】
春分の日	**御園祭《みそのさい》**	神宮のお祭りにお供えする御料の野菜・果物の豊かな稔りと農作業に携わる人々の安全を祈念し、あわせて全国の農作物の生育と農業の発展をお祈りします。【神宮御園】

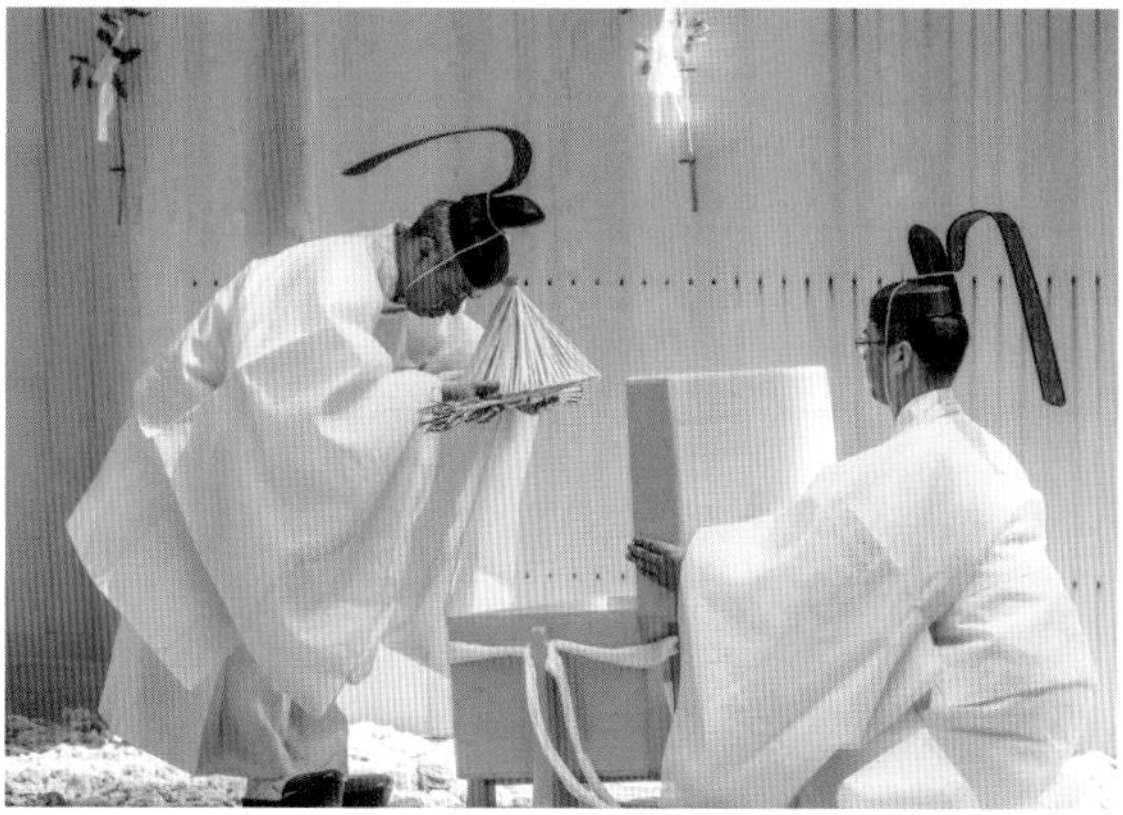

風日祈祭《かざひのみさい》

四月上旬	神田下種祭《しんでんげしゅさい》	神嘗祭をはじめ諸祭典にお供えする御料米の稲種を神田に蒔くお祭りです。【神宮神田】
四月三日	神武天皇祭遥拝《じんむてんのうさいようはい》	神武天皇がおかくれになられた日、宮中皇霊殿において神武天皇祭が執り行われるのにあわせ、神宮では遙拝式を行います。
五月一日	神御衣奉織始祭《かんみそほうしょくはじめさい》	神御衣祭に奉る和妙（にぎたえ）（絹）と荒妙（あらたえ）（麻）が清く美しく織り上がるようにお祈りします。【松阪市 神服織機殿神社（かんはとりはたどのじんじゃ）・神麻続機殿神社（かんおみはたどのじんじゃ）】
五月十三日	神御衣奉織鎮謝祭《かんみそほうしょくちんしゃさい》	神御衣祭に奉る和妙、荒妙の神御衣が美しく織り上がったことを感謝します。【松阪市 神服織機殿神社・神麻続機殿神社】
五月十四日	風日祈祭《かざひのみさい》	両正宮をはじめ諸宮社に御幣（みてぐら）というお供えや、御笠（おんかさ）・御蓑（おんみの）を奉り、天候が順調で風雨の災害なく、五穀の豊かな稔りをお祈りします。
五月十四日	神御衣祭《かんみそさい》	皇大神宮と別宮荒祭宮に古式のままに織り上げられた和妙と荒妙の二種の神御衣を、高天原の古事にちなんで奉るお祭りです。毎年五月と十月の十四日に行われます。
六月一日	御酒殿祭《みさかどのさい》	内宮神楽殿の東側に隣接する御酒殿において、月次祭にお供えする御料酒（白酒・黒酒・醴酒・清酒）が、うるわしく醸成できるように祈願し、また全国酒造業者の繁栄を御酒殿の神にお祈りします。【内宮御酒殿】
六月十五日	興玉神祭《おきたまのかみさい》	月次祭の奉仕にあたり、内宮御垣内西北隅に御鎮座する地主の神、興玉神をお祭りします。【興玉神石畳】
六月十五日	御卜《みうら》	月次祭奉仕の神職が、奉仕直前に神の御心（みこころ）にかなうかどうかをおうかがいする儀式です。【皇大神宮中重】
六月十五日から六月二十五日まで	月次祭《つきなみさい》	午後十時、午前二時の二度にわたり、「由貴大御饌（ゆきのおおみけ）の儀」が、正午には「奉幣の儀」が行われ、皇室の弥栄、五穀の豊穣、国家の隆昌、国民の平安を祈願します。両正宮に引き続き、すべてのお社でもお祭りが行われます。

新嘗祭《にいなめさい》

六月三十日	大祓《おおはらい》	大祭の前月末日に、神宮神職・楽師を祓い清める儀式が行われます。特に六月、十二月の末日には神宮の全職員を祓い清めます。【内宮第一鳥居内祓所その他】
八月四日	風日祈祭《かざひのみさい》	農作物の成長期にあたり、天候が順調で風雨の災害もなく、五穀の稔りが豊かであるよう、御幣を捧げてお祈りするお祭りです。
九月上旬	抜穂祭《ぬいぼさい》	神田にて諸祭典にお供えする御料米の初穂を抜き奉るお祭りです。忌鎌（いみかま＝素木で作った儀式用の鎌）で稲を刈り、その穂を一本ずつ抜いて束ね、内宮は御稲御倉（みしねのみくら）に、外宮は忌火屋殿（いみびやでん）内に奉納し、祭典前にお下げします。【神宮神田】
秋分の日	秋季《しゅうき》皇霊祭遥拝	歴代天皇・皇后・皇親等の御霊をお祀りする宮中の皇霊殿において、天皇陛下がお祭りを執り行われるのにあわせ、神宮では遙拝式を行います。【内宮第一鳥居内祓所】
十月一日	御酒殿祭	内宮神楽殿の東側に隣接する御酒殿において、神嘗祭にお供えする御料酒（白酒・黒酒・醴酒・清酒）が、うるわしく醸成できるように祈願し、また全国酒造業者の繁栄を御酒殿の神にお祈りします。【内宮御酒殿】
十月一日	神御衣奉織始祭	神御衣祭に奉る和妙（絹）と荒妙（麻）が清く美しく織り上がるようにお祈りします。【松阪市 神服織機殿神社・神麻続機殿神社】
十月五日	御塩殿祭《みしおどのさい》	すべての祭典にお供えする御塩が、うるわしく奉製されるように祈願するお祭りで、あわせて全国の塩業関係者の繁栄をお祈りします。【御塩殿神社】
十月十三日	神御衣奉織鎮謝祭	神御衣祭に奉る和妙、荒妙の神御衣が美しく織り上がったことを感謝します。【松阪市 神服織機殿神社・神麻続機殿神社】
十月十四日	神御衣祭	皇大神宮と別宮荒祭宮に古式のままに織り上げられた和妙と荒妙の二種の神御衣を、高天原の古事にちなんで奉るお祭りです。毎年五月と十月の十四日に行われます。

大祓《おおはらい》

十月十五日	興玉神祭	神嘗祭の奉仕にあたり、内宮御垣内西北隅に御鎮座する地主の神、興玉神をお祭りします。
十月十五日	御卜	神嘗祭奉仕の神職が、奉仕直前に神の御心にかなうかどうかをおうかがいする儀式です。
十月十五日から 十月二十五日まで	神嘗祭《かんなめさい》	その年の新穀を天照大御神に奉り、御神徳に感謝申し上げる、神宮でもっとも由緒深いお祭りです。午後十時、午前二時の二度にわたり、「由貴大御饌（ゆきのおおみけ）の儀」が行われ、正午には勅使をお迎えして「奉幣の儀」が行われます。両正宮に引き続き、十月二十五日まで、すべてのお社でもお祭りが行われます。
十一月二十三日から 十一月二十九日まで	新嘗祭《にいなめさい》	宮中の神嘉殿（しんかでん）で新穀を天皇陛下が神々に奉られ、またご自身もお召し上がりになる大儀が行われるにあわせ、神宮へは勅使を遣わし、幣帛を奉られる「奉幣の儀」が行われます。また、それに先だって神饌を神宮の神々にお供えする「大御饌の儀」が行われます。両正宮に引き続き、十一月二十九日まで、すべてのお社でもお祭りが行われます。
十二月一日	御酒殿祭	内宮神楽殿の東側に隣接する御酒殿において、月次祭にお供えする御料酒（白酒・黒酒・醴酒・清酒）が、うるわしく醸成できるように祈願し、あわせて全国酒造業者の繁栄を御酒殿の神にお祈りします。【内宮御酒殿】
十二月十五日	興玉神祭	月次祭の奉仕にあたり、内宮御垣内西北隅に御鎮座する地主の神、興玉神をお祭りします。
十二月十五日	御卜	月次祭奉仕の神職が、奉仕直前に神の御心にかなうかどうかをおうかがいする儀式です。
十二月十五日から 十二月二十五日まで	月次祭	午後十時、午前二時の二度にわたり、「由貴大御饌（ゆきのおおみけ）の儀」が、正午には「奉幣の儀」が行われ、皇室の弥栄、五穀の豊穣、国家の隆昌、国民の平安を祈願します。両正宮に引き続き、すべてのお社でもお祭りが行われます。
十二月三十一日	大祓	六月の大祓と同様、新年を迎えるにあたり神職をはじめ全職員を祓い清めます。

参宮の真髄

祓いの心で神の秘密を開く

文＝辰宮太一　写真＝Kankan
text: Taichi Tatsumiya　photo: Kankan

お祭りが始まる前に、必ずと言っていいほど執り行われるのが、お祓いです。

神宮のお祭りは厳かな空気の中、静かに粛々と行われますが、榊や御塩《みしお》によって、何度も徹底してお祓いをされます。

また、「大祓《おおはらい》」は、一般の神社では年2回のところが多いですが、神宮では年8回、大祭などの前月末日、お祭りに奉仕する神職や楽師の大祓を行います。

では、なぜ神宮ではお祓いが重要視されているのでしょうか？

そして、私たち参拝者はどのように向き合うべきなのでしょうか？

日々行われている、神宮の美しいお祭りを写真で紹介するとともに、神宮に40年以上通い、東洋哲理を熟知する、万象学宗家の辰宮太一さんに、神宮に参拝する素晴らしさ、意義などを語っていただきました。

神宮でもっとも重要な祭典神嘗祭。御卜(みうら)の参進。御卜とは神職が祭祀にかなうかを神に問う儀式。雨儀(うぎ)の参進は傘が美しい。

伊勢神宮の正式名称は「神宮」です。内宮は正式には皇大神宮《こうたいじんぐう》、外宮は豊受大神宮《とようけだいじんぐう》といいます。そして内宮、外宮はじめ、大小合わせて百二十五社ものお宮があり、そのすべてを含めて神宮といいます。

参道の真ん中は正中《せいちゅう》といい、避けて通りましょう。手水はまず……。そういった情報は、もうみなさんご存知でしょう。そこで、参拝上級者のあなたに、いくつか神宮の秘密を解き明かしていきたいと思います。

ご正宮では、個人的なお願いは慎み、ただただ感謝をすることがよいとされています。もちろんその通りなのですが、はっきり言いましょう。神宮では、そこまで熱心に祈らずとも、御神前できちんとご挨拶し、あとは宮域《きゅういき》に身を置き、感謝の気持ちでいるだけで充分です。

神宮は神都《しんと》です。原始的な、働きとしての神が立つ場ではなく、洗練された世界です。古来、人が精一杯の尊敬を錬り続け、誠となし、その誠を以て祭祀が続けられ、歴史を作ってきた神の都なのです。

様々な聖地や神域に、何度もお参りしている人なら、神宮は別格だと思うでしょう。パワースポットなどという小さく未開的な場ではないのだと感じるはずです。神を感じないという人がたまにいるようですが、神宮が大きく規格外だという証と言えるでしょう。

神宮にお参りして、わざ

わざ木に触れるとか、特定の場所に手をかざしたりするのは、なんの意味もないことですし、むしろ無礼ともいわれます。

さて、神宮で授与される神札、いわゆるお神札は何種類かあるのですが、その代表は神宮大麻《じんぐうたいま》ですね。また、剣祓《けんはらい》や角祓《かくはらい》など、何々祓《はらい》と言われるお神札があります。また、お守りにも種類がありますが、守り袋の中に入っている小さなお神札は、守祓《まもりはらい》といいます。

ここに、神宮の偉大なる秘密が隠されているのです。この祓という言葉は文字通り、お祓いの意味です。また、神宮大麻の「大麻」は、おおぬさとも読むもので、昔はお祓いの神具というべきものでした。古来、麻には魔を祓う特別な力が宿ると信じられていたのです。今でも神宮でのお祓いは、榊の枝に麻の繊維をつけた幣によって行われます。

祓いが意味を持ったのは、記紀神話でイザナギノミコトが黄泉国から帰還した際に、様々な穢《けが》れを海水で洗い清めたことからでしょう。

神社では、祓いをとても大切にします。神宮ではさらに、神札を祓いと呼ぶことからも、非常に重要視していることがうかがえます。

右／紅葉の五十鈴川。神宮の紅葉は11月半ばからが見頃となる。左／年に8度行われる大祓の修祓(しゅはつ)。榊に麻をつけ神職らをお浄めしている。

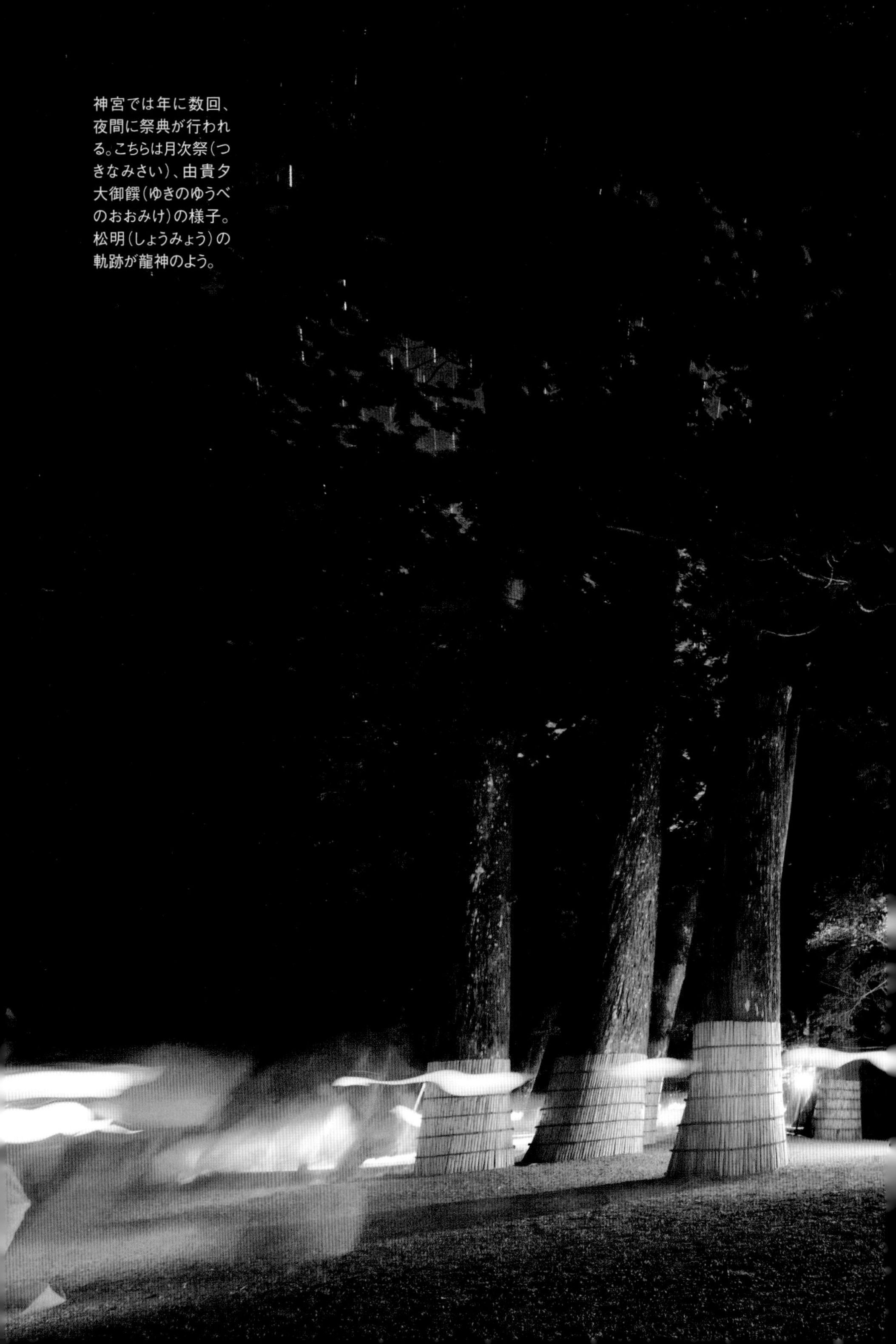

神宮では年に数回、夜間に祭典が行われる。こちらは月次祭（つきなみさい）、由貴夕大御饌（ゆきのゆうべのおおみけ）の様子。松明（しょうみょう）の軌跡が龍神のよう。

祓いがなぜ大切なのか、その秘密を知るためには、神道《しんとう》を知る必要があるでしょう。

神道《しんとう》は、教義なき宗教と言われます。しかし、古今東西にある様々な宗教哲理をざっと見つつ思うのは、おそらく、神道は教義を不要としたのだろうということです。

教えというものは、低俗な世界にいる人の知的文化的水準を引き上げるためのものと言っていいでしょう。神や仏や天使は崇高なのだよ、あなたも崇高さを身につけなさいと。

しかし、神道の先人たちはこう考えたのではないでしょうか。人というものは、教義などでわざわざ教え諭すような水準ではないのだ。

1. 新緑の頃、内宮で繁殖している美しいキビタキ。2. 夜明けの内宮参道。美しく雲が流れる。3. 紅葉の頃の五十鈴川にいたイソシギ。4. 瀧原宮のモミジと杉の大木の根元についた苔。5. 内宮にて、モンキアゲハがトベラの花の蜜を吸いに来た。

3

4

5

当たり前に、天地自然を敬い、人も物も敬う、尊き存在なのだと。

　好意的かも知れませんが、理想論ではなく、はるか昔には、そういう考えが普通だったように思えるのです。そうしてみると、神道とは、非常に高度に人を信じる思想なのかも知れません。

　高度に信じると敢えて書きましたが、それはつまり、人を差別しないということです。神と人、自然界と人、人と人を差別せず、人もまた大自然であり神であると考えたのではないかということです。

　世界的スタンダードとも言える一神教などでは、人は神の支配下にあるのだと説きます。神は支配者であり、絶対的に上の存在なのです。

　戒律を作り、それを破れば罪に問われ罰を受けるという教えや、原罪などに代表される考えは、いわば性悪説です。今の世を見ればもっともな考え方かも知れません。しかし、愛し信じているのかと言えば、差別し疑っているようにもとれます。

　神道の原典といってもいい記紀神話にも、神の罪について描かれている部分があります。あるいは、ずるく汚い考えを描写したり、いじめの場面や、ひどい争いを描く場面もあります。

　ところが、救いがあるのです。その代表が「禊祓《みそぎはら》い」です。禊祓いをすると許されるのです。

　この、祓いとは許しであるというロジックは、本来は正しいが何らかの理由で間違った。それを除けばもとの正しさに戻るという考え方です。

　この考え方こそ、祓いの秘密なのです。

　知らず知らずのうちに、つまらない欲や、恐れや不安などによって、清浄であるはずの魂や霊体、心などがすすけて濁ってしまう。そういう余計なものを祓い清めるなら、本来の輝く姿に立ち戻ることが可能なのだということです。

　ここで、神道のもうひとつの秘密にも触れましょう。天孫降臨《てんそんこうりん》の段で、天の神、アマテラスオオミカミは地上に降りる神に言います。鏡を私だと思いなさいと。

いかがでしょう。鏡に映るのは自分の姿のはずです。その自分を天の神だと思えというのです。意訳するなら、つまり、鏡を見るあなたは神そのものですよと遠回しに説いているのです。

内宮の御神体は八咫御鏡《やたのみかがみ》といわれます。神宮に限らず、鏡は神道の代表的な御神体ですが、鏡の文字をカナに開いてみると、暗号が隠されています。カガミからガ（我）を取ったらカミなのです。鏡に映る自分から我欲を取り去れば、すでに神なのですよと教えるコトダマなのです。

祓いと鏡。そこに隠されたふたつの秘密。それはまるで、あなたの本質は神様と同じですよ、ねじけ曲がれなくてもいいのですよ、誇り高く生きなさいと語りかけているようです。

祓いとは、元の輝きに戻しましょうという愛なのかも知れません。そもそもあなたは光輝く存在なのだと、無言で励ましてくださっているのです。

祓いは引き算です。普遍的にいうところの「御利益」とは、いわば足し算ですね。幸運をプラスしてくださるという感覚です。しかし、汚れすすけた状態で足し算のパワーをもらっても、うまく生かせません。クリーンにクリアになって初めて、幸運をプラスされる意味が出てくるわけです。

ところで、家庭や会社などでは、神棚にお神札を祀ることが多いわけですが、

右／内宮の古殿地より正宮を望む。手前の覆屋は次の遷宮で本殿が建つところ。左／大麻暦奉製始祭（たいまれきほうせいはじめさい）。年初のころ、神宮大麻に最初の皇大神宮御璽（ぎょじ）の印を押す儀式。

お神札とは、いわば携帯端末のようなものです。つまり、お神札に向かって礼拝することは、居ながらにして神社に心で参拝する意味があるはずです。

　さて思い出してください。神宮で授与されるお神札には、いわば祓いの気が込められているのです。つまり、お祀りし、日々に礼拝することで、遠隔参拝もできるし、なおかつお祓いしていただくのと同じになるのです。

　祓いはいわば引き算、知らないうちに身についてしまった余計な穢《けが》れを浄め、私たちを本来あるべき魂として立ち戻らせることでした。ということで、足し算にあたる、幸運パワーについても述べましょう。

　東洋の思想には、興味深い考え方があります。働きの相似形を大事にすると言えばいいでしょうか。

　たとえば日の出という働きを言い換えてみましょう。一日の始まり。夜から昼に、暗から明に切り替わる時。

　東の方向。太陽が昇る時。今までなかったものが出現する時。見えなかったものが見えるようになる時。地平線を太陽が離れる時……。そんな感じでしょうか。

　面白いのはここからなんです。古代の人々は、そこに神を見出すのですね。

豊受大神宮正殿。屋根の上には奇数9本の鰹木（かつおぎ）、地面と垂直にきられた外削ぎの千木（ちぎ）が特徴。高欄（こうらん）には色とりどりの居玉（すえだま）も見てとれる。

別宮・土宮の式年遷宮諸祭、川原大祓（かわらおおはらい）。神職が正装し、修祓（しゅはつ）を待つ。

※多少見えにくいですが、素木（しらき）の辛櫃（からひつ）手前にあるのが三つ石です。この写真で分かるように、三つ石は式年遷宮の川原大祓の際の基点としての役割を持ちます。普段は縄で囲ってあり、手をかざす人が多く見られますが、無礼な行為になりかねませんので、慎みましょう。

「神」に通じると、神気を授かり、運命という世界にも同じような状態がやって来ると考えるのです。

　日の出の神と通じれば、始まりの神気や開くという神気を授かり、何かことを始めることができたり発見したり、地平線を離れるように独立できるなど、まさに開運がやって来ると考えるわけです。この考え方を前提としてみましょう。

　神宮では、外宮さんに先にお参りするのが習わしとされます。この参宮の順番が、じつは並外れた幸運を授かるための秘密なのです。

　外宮さんの御祭神については、諸説あります。

　一般的には、内宮さんのお食事を受け持つ神として、丹波からいらした豊受姫と考えられています。ところが、伝承されている文献を見ると、神道の根本神である天之御中主神《あめのみなかぬしのかみ》であったり、やはり根本神であり大地や地軸の神様と考えられる国常立神《くにのとこたちのかみ》であったりという説も、たしかにあるのです。いまのところ、神宮では豊受大御神《とようけのおおみかみ》として、それ以上は語られないようです。

　私は、大地の神様、それも、一柱《ひとはしら》ではなく、大地の神々のグループではないかと思います。衣食住という生命活動の根源はまさに大地の働きです。さらに御饌都神《みけつかみ》というお食事を司る神様は、もしかすると専門職的なお役目としていらっしゃるのではないかと考えます。

　それはさておき、大地は、海すら含むすべてをその上に乗せ、微動だにせず、あらゆる生命を支える存在です。そして、物事の土台、基本、根本でしょう。

　大地の神にまずお参りする。そこで、運命に揺るぎなき基本を授けていただく、人生の土台を揺るぎなくしていただくわけです。

　幸運を授かるという視点で分かりやすく言えば、運命の大地を耕していただき、そこに幸運の種を撒いていただくイメージでしょう。その上で、内宮さんにお参りするわけです。

　内宮さんの御祭神、天照大御神は、太陽にたとえられます。

　太陽にたとえられる神を敬い、祈ることは、太陽に照らされることに通じます。

光に照らされれば、隠れていた物事が見えるようになるでしょう。太陽の熱に温められれば、氷が溶けるように、動かなかった物事が動くようになるでしょう。言い換えると、隠れていた才能や魅力が見えるようになり、行動力が発揮されるということです。

　そして、外宮さんで撒かれた幸運の種は、太陽に照らされてすくすくと育っていくのです。

　祓いといえば、宇治橋にも秘密があります。二十年に一度、宇治橋が架け替えられる時、万度幣《まんどぬさ》という、まさに祓いの気を込めた幣が納められるのです。宇治橋を渡るだけで、お祓いを受けることになるわけですね。万度幣が納められているのは、入り口の鳥居から左手ふたつ目の擬宝珠《ぎぼし》の中です。右側通行ですから、帰りに触れてみるのもいいかも知れません。

　ちなみに、原則、内宮は右側通行、外宮は左側通行ですが、この理由は、ご正宮に向かう際、慎み深くして遠い側を通ることにあるようです。じつは、基本は右側通行の内宮でも、風日祈宮《かざひのみのみや》に向かう橋は、お宮から遠い左側を渡るといいのですよ。

　もうひとつ。神宮の鳥居の両脇には、紙垂《しで》のついた榊が挿してあります。榊には、境の木という意味もあります。境界、結界であることを示しているのと同時に、ここでも見えない祓い

右／新嘗祭、内宮大御饌の修祓（しゅはつ）。奥から緋袴の神宮祭主、大宮司、少宮司、禰宜の順に並ぶ。 左／秋の神楽祭。4人で舞う迦陵頻（かりょうびん）の舞。

が行われているのです。鳥居をくぐる際には、礼として頭を下げるのと同時に、お祓いをしてくださっているのだと思うのもいいでしょう。

また、参道を歩き、お宮の前で礼拝すると、特定の場所に榊があることに気づくはずです。そこにも、目には見えないお祓いのシステムが備わっているのだと思っていいでしょう。

神宮は、徹底した祓いで満たされた、神の住まう都。ただ参道を感謝の思いで歩くだけでも、あなたは、清浄なるあなたに立ち帰るはずです。

まず外宮に参宮し、手水をし、鳥居をくぐり、祓いの神気の中を進み、ご正宮、別宮とお参りするうちに、あなたは浄められ、大地の神気、神徳を授かります。

そして、内宮で宇治橋を渡り参道をあゆみ、さらに清浄なる祓いの中を歩みつつ、天の光の如く神気を授かるのです。

それが「参宮」の真髄なのだと、ここにお伝えする次第です。

壮大なる神宮を象徴する1枚。宇治橋から昇り来るのは旭日だけではない。春の夜明け前には銀河が昇る。この天の川もまた、天を照らす神様と言えるかも知れない。

第2章

別宮・瀧原宮の参道

知っておきたい
参拝の新常識!
心からの感謝

達人に教わる美しい心での参拝

何度か神宮へ参拝して作法やマナーに慣れてきたら、次に気になるのが、参拝の達人はどう参拝しているかということ。カタチでの参拝を自然に行えるようになったら、参拝にもっとも大切な「心得」について考えてみましょう。

監修＝辰宮太一
Supervise: Taichi Tatsumiya

心をしっかりと神様に向ける

参拝初級者からワングレード上の参拝者になるために、知っておきたいこと。それはまず「参拝の心得」です。

よく、神社に行ってからきちんと参拝すれば良いと思っている方が多いと思いますが、じつは参拝に訪れる前から参拝は始まっています。

できれば約1週間前から、参拝前の心の準備をするのです。「斎戒《さいかい》」や「潔斎《けっさい》」という言葉があるように、多くの神社で神職の方々はお祭

りを前に、飲食や言動、不浄な思いを慎み、厳密に心身を清めて気持ちを整えることをするそうです。一般の参拝者なので、そこまではしなくても、心だけはしっかりと神様に向けておきたいところです。

大切なのは作法にとらわれることなく、神様に心を向けること。緊張しすぎないで、当日はむしろリラックスするくらいでいいようです。お手水をするときも、心を清めるつもりで行い、鳥居をくぐってからは謙虚と慎みの気持ちで。なるべくよそ見をせずに、神様の御前に真っ直ぐな気持ちでおもむきます。

そして、参拝が終わってから、神宮の雰囲気を心から楽しみます。自分の心の奥にいる神なるものが楽しんでいると思えたら上級者です。

感謝と大切にする心が基本となる

美しい参拝者を目指すなら「感謝」ありきの参拝でありたいものです。ポイントは代表感覚。住む地域や、会社、業界の代表として、家族や家系の代表として参拝し、感謝を捧げることができたらこんなに素晴らしいことはありません。

神様の前では何も隠すことはできません。どれだけ着飾って、その時だけしなやかな参拝をしても、すべてお見通しなのです。カタチだけ感謝を捧げても、それは本当の感謝ではありません。できれば、心の底から湧き上がるような感謝を捧げたいもの。そのためには、あらゆるモノ（存在）やコト（出来事と言葉）に畏敬の念を持つことが必要です。神様に畏敬の念を持つと同様に、すべてに慎みの心を持つ。そういうところから始めます。

　古来、日本人は存在や言葉、出来事などに魂を見出してきました。仕事や生活で使うモノやコトを大切にする。日頃からモノと自分との関係を大事にする。環境と自分、周囲の人と自分の関係を大事にするのです。

　ちなみに、「モノ」と「コト」は、古来神様のお名前になるほど、大切にされてきた言葉でしたが、今はとても軽い意味で使われているようです。しかし、あらゆるモノやコトを重んじる、大切にする、尊敬するレベルまで引き上げると、あなたの味方になってくれるのです。

周囲のために役に立つ自分になる

　そして、ここからが重要なのですが、より高いレベルの参拝を目指すなら、「自主他従」でなく、「他主我従」の自分を目指してみてください。

　つまり、周囲の人々やモノを生かすための自分になること。求める自分でなく、周囲の人に求められる自分になることです。他者が喜んでくださる自分であり続けること。そして、そんな求められる自分になるために、自分を鍛える、磨くのです。

　そのサイクルができてくると、感謝も自然にできるようになってきます。周囲あってこその自分だと気づけるからです。自分が大事だと思うところだけ感謝しても、それは感謝のメッキにすぎません。

　神様は私たちを活かそう、生かそうとする存在だと思います。そして、上級者ともなれば、神に守られ導かれつつ、さらに上を目指したいもの。つまり、まる

でリトル神様のごとく、周囲を活かすことを目標にするのです。人を活かし、仕事を活かし、それが巡り巡って社会を活かす。そのために、日々の勉強や努力に励むのです。それが神様への感謝なのだと感じられるようになれば、本当に「美しい参拝」といえるかもしれません。もちろん、押しつけはいけませんから、さらりとできるようになりたいものですね。

参拝後を大事にするということ

さらに、ワンランク上の参拝についてもお話ししましょう。

参拝中級者と上級者の決定的な違いです。それは、「中級者は参拝までを大切にする。上級者は参拝後を大切にする」ということ。

神仏のもとに参拝することはセレモニーとも言えますが、大事なのはそのあと。これは、入学や入社、結婚にも似ています。

参拝とは、神様との縁「神縁」を結ぶことなのかも知れません。何度も参拝するうちに神様との縁が深まり、そこから次の参拝まで神様が見守ってくださっているという感覚で参拝するのです。

だから、お神札をいただいて帰り、自宅の神棚等にお祀りし、日々神宮に参拝するように二拝二拍手一拝をする。

参拝後も心に神宮を思い浮かべ、一日一日を一生懸命に励む。向上心を持って切磋琢磨する。そういう境地、意識で生きることができれば、神宮参拝はより素晴らしいものになることでしょう。

豊受大神宮（外宮）へ参拝する

伊勢市の中心にある市街地にありながら、自然豊かな豊受大神宮《とようけだいじんぐう》。
通称「外宮《げくう》」と呼ばれ、地元では「外宮さん」と親しまれています。
伊勢市駅から外宮参道の町並みを通り、神域に一歩足を踏み入れると、
そこには森の香りが漂い、野鳥がさえずり、自然の恵みにあふれています。
参道を歩くだけで、空の高さを感じ、
平穏な気持ちになれるかもしれません。

伊勢神宮では「外宮先《げくうせん》祭《さい》」と言い、外宮そして内宮の順にお祭りが行われます。お参りもこれに習い、外宮、内宮の順で参拝するのが古くからの習わしとされてきました。

外宮のご祭神は衣食住や産業の守護神である、豊受大御神《とようけのおおみかみ》。雄略天皇22年、内宮の天照大御神のお食事を司る御饌都神《みけつかみ》として丹波国から迎えられ、ご鎮座されました。

以来、1500年間、雨の日も風の日も朝夕の二度、天照大御神をはじめ、相殿や別宮の神々にお食事をお供えするお祭り「日別朝夕大御饌祭《ひごとあさゆうおおみけさい》」が御饌殿《みけでん》で行われています。

お供えする神饌は御飯と御塩と御水。そして鰹節や鯛、海藻や野菜、果物など。神饌は基本的に神宮で自給自足しています。

さて、お手水をして第一鳥居を通り参道に入ったら、ご正宮を目指します。内宮は右側通行ですが、外宮は左側通行。参道は自然豊かな森が続き、野鳥の声や風が心を和らげてくれるでしょう。第二鳥居、神楽殿を通過すると、遠くにご正宮が見えてきます。

ご正宮では外玉垣南御門の前、白い絹の御幌《みとばり》の前にて参拝します。

その後は宮域内の別宮3社へ。別宮とは「わけみや」のことで、ご正宮の次に格式高いお宮のことです。

まず、外宮の第一別宮である多賀宮《たかのみや》へ。御池の横を通り、石段を上るとお社が見えてきます。多賀宮の後は別宮の土宮《つちのみや》、そして風宮《かぜのみや》へ。所管社《しょかんしゃ》、下御井神社《しものみいのじんじゃ》へ参拝するのも良いでしょう。

参拝を終えたら、神楽殿で御神楽《おかぐら》や御饌を奉納するのもいいですし、お神札やお守り、御朱印は授与所で受けられます。

さらに、外宮参拝後は、北御門参道口から数百メートルの距離にある、別宮の月夜見宮《つきよみのみや》へも参拝されることをおすすめします。

外宮の第一鳥居

1

3

2

1　表参道

第一鳥居を通り、参道を進むと、そこが街中であることを忘れてしまうくらいの瑞々しい空気に癒されます。参道の左側は高倉山の豊かな森が広がっています。斎館を横目に第二鳥居へと向かいます。

2　勾玉池《まがたまいけ》とせんぐう館

表参道の火除橋を渡り、手水舎の後ろにある大きな池。以前はここに宮川の支流があったそうです。初夏に15種類1万4000株の花菖蒲が咲く姿は見事。また、毎年中秋には「神宮観月会」があります。池の畔には式年遷宮を分かりやすく展示している、せんぐう館があります。

3　外宮神楽殿と授与所

ご祈祷（大々神楽、御饌）を行う神楽殿と、ご祈祷の受付や献金、お神札やお守りの授与をする授与所があり、御朱印もここでいただけます。ご祈祷の受付は午前8時から午後3時30分（ご奉仕は午前8時30分から）。所要時間は25分から40分くらいです。

4

6

5

4　古殿地《こでんち》

平成25年の式年遷宮まで御殿が建っていた場所です。神宮では20年に一度、隣接する御敷地にお宮を新造し、神様にお遷りいただく式年遷宮があるため、ご正宮の横には同じ広さの御敷地があります。真ん中に立つ覆屋には、ご正宮中央の床下の神聖なる柱「心御柱《しんのみはしら》」が納められ、大切に守られています。また、古殿地の右奥に忌火屋殿を望むこともできます。

5　五丈殿《ごじょうでん》と九丈殿《くじょうでん》

参道から見て手前が九丈殿、奥が五丈殿。九丈殿では外宮の摂社・末社の遙祀《ようし》が行われます。また、五丈殿では祭典が雨天時にここでお祓いをしたり、遷宮諸祭では饗膳《きょうぜん》の儀（儀式としての祝宴）が行われます。

6　御池《みいけ》

ご正宮前にある池。その昔、外宮を流れていた宮川の分流が、江戸時代の大地震で埋没して池になったもの。今では水鳥やコイが泳ぎ、参拝者を癒しています。

上／ご正宮を守る四重の御垣の一番内側、瑞垣(みずがき)の中にはお白石が敷き詰められ、美しいご正殿が建っています。右下／一般の参拝は外玉垣南御門の前で。白い絹の御幌の前にて二拝二拍手一拝(P72)の作法で参拝します。左下／毎月1日、11日、21日の朝8時頃、神馬(しんめ)が両正宮のご正宮へお参りする神馬牽参があります。

7 ご正宮

ご祭神の豊受大御神《とようけのおおみかみ》が祀られています。天照大御神のお食事（神饌）を司る神様で、衣食住をはじめとする産業の守護神。御垣内の東北にある御饌殿では、毎日朝夕の二度、天照大御神へお食事を奉る「日別朝夕大御饌祭《ひごとあさゆうおおみけさい》」が行われています。ご正殿は唯一神明造《ゆいいつしんめいづくり》。お屋根は萱葺《かやぶき》で「鰹木《かつおぎ》」という丸太が9本並べられ、屋根の千木《ちぎ》は先端が垂直な外削ぎになっています。まわりには四重の御垣がめぐらされ、一番奥にご正殿があります。神聖な場所ですので鳥居の中は撮影禁止です。左ページの写真は新嘗祭《にいなめさい》「奉幣《ほうへい》」参進の様子。

7

8

10

9

8　多賀宮《たかのみや》
ご祭神は豊受大御神荒御魂《とようけのおおみかみのあらみたま》。荒御魂とは、神様の御魂の働きの一つで、活動的・活発的に顕著なご神威を現す御魂と考えられ、信仰されてきました。外宮の第一別宮とされ、内宮の荒祭宮同様にご正宮に次ぐ特別な格式を持つお宮です。お祭りでは勅使がご正宮の祭典終了後、すぐに幣帛《へいはく》が奉られるほどです。また、多賀宮は他の別宮と違い、鳥居がありません。これはご正宮とつながっていることを表しているという説もあります。写真は神嘗祭《かんなめさい》「奉幣」。

9　多賀宮への石階
別宮・多賀宮《たかのみや》へ続く石段。全部で98段あります。小高い丘を上ると徐々にお社が見えてきます。多賀宮前の参道の下側をよく見ると「寝地蔵さん」と呼ばれる地蔵に似た石があります。

10　別宮遙拝《ようはい》所
遠く離れた場所から拝むことを「遙拝《ようはい》」といいますが、足の悪い方や、時間に余裕がなくて別宮に参拝できない時は、ご正宮参拝後にこの場所から遙拝します。

11　土宮《つちのみや》

ご祭神は大土乃御祖神《おおつちのみおやのかみ》。外宮のある土地の神様で、平安時代末期に氾濫を繰り返していた宮川の治水、堤防の守護神として別宮に昇格したお宮です。また、ほかの別宮が南に面しているのに対し、土宮だけ東面しています。土宮の前は式年遷宮の最初のお祭りである山口祭、また御船代祭《みふなしろさい》の祭場になります。写真は神嘗祭「由貴夕大御饌《ゆきのゆうべのおおみけ》」。

12　風宮《かぜのみや》

ご祭神は風雨を司る神様、級長津彦命《しなつひこのみこと》と級長戸辺命《しなとべのみこと》。内宮の風日祈宮と同じ神様で、農作物が順調に生育するように祈りが捧げられます。鎌倉時代の文永、弘安年間の元寇（蒙古襲来）の時、神風を吹かせて国難を救った功績から別宮に昇格しました。

13　下御井神社《しものみいのじんじゃ》

外宮の所管社。内部には井戸があり、水の神様が祀られています。日別朝夕大御饌祭をはじめ、お祭りで神様にお供えする御料水は、上御井神社《かみのみいのじんじゃ》でくみ上げられていますが、下御井神社は万一、上御井神社の御料水が使えなくなった場合に用いるそうです（上御井神社は一般の人の立ち入り禁止）。

14 三つ石

御池前にある三個の石のある石積みで、通称「三つ石」。式年遷宮のお祭り、川原大祓《かわらおおはらい》を行う祭場となる尊い場所です。最近、手をかざす人が多く見られますが、失礼にあたりますのでやめましょう。

15 忌火屋殿《いみびやでん》

日別朝夕大御饌祭《ひごとあさゆうおおみけさい》をはじめ、お祭りの神饌《しんせん》を調理する場所。忌火《いみび》とは火鑽具を用いて、木と木をすりあわせておこす清浄な火のことです。この忌火を用いてかまどでご飯を蒸し上げ、神饌の調理が行われます。

16 御厩《みうまや》

皇室から牽進された「神馬《しんめ》」がいる場所。毎月1日、11日、21日の朝8時頃にご正宮へお参りする神馬牽参《けんざん》があります。

17 北御門参道の鳥居

外宮への入口は表参道と、裏参道と呼ばれる「北御門参道」があり、明治時代に駅ができる以前、庶民はおもにこちらの参道を利用していました。これは伊勢参りの交通手段が船や徒歩だったので、宮川に近い北御門から入る人が多かったためです。

外宮

オススメ参拝順路

火除橋 → 手水舎 → 第一鳥居 → 第二鳥居 → ご正宮 → 多賀宮 → 土宮 → 風宮 → 神楽殿 → せんぐう館

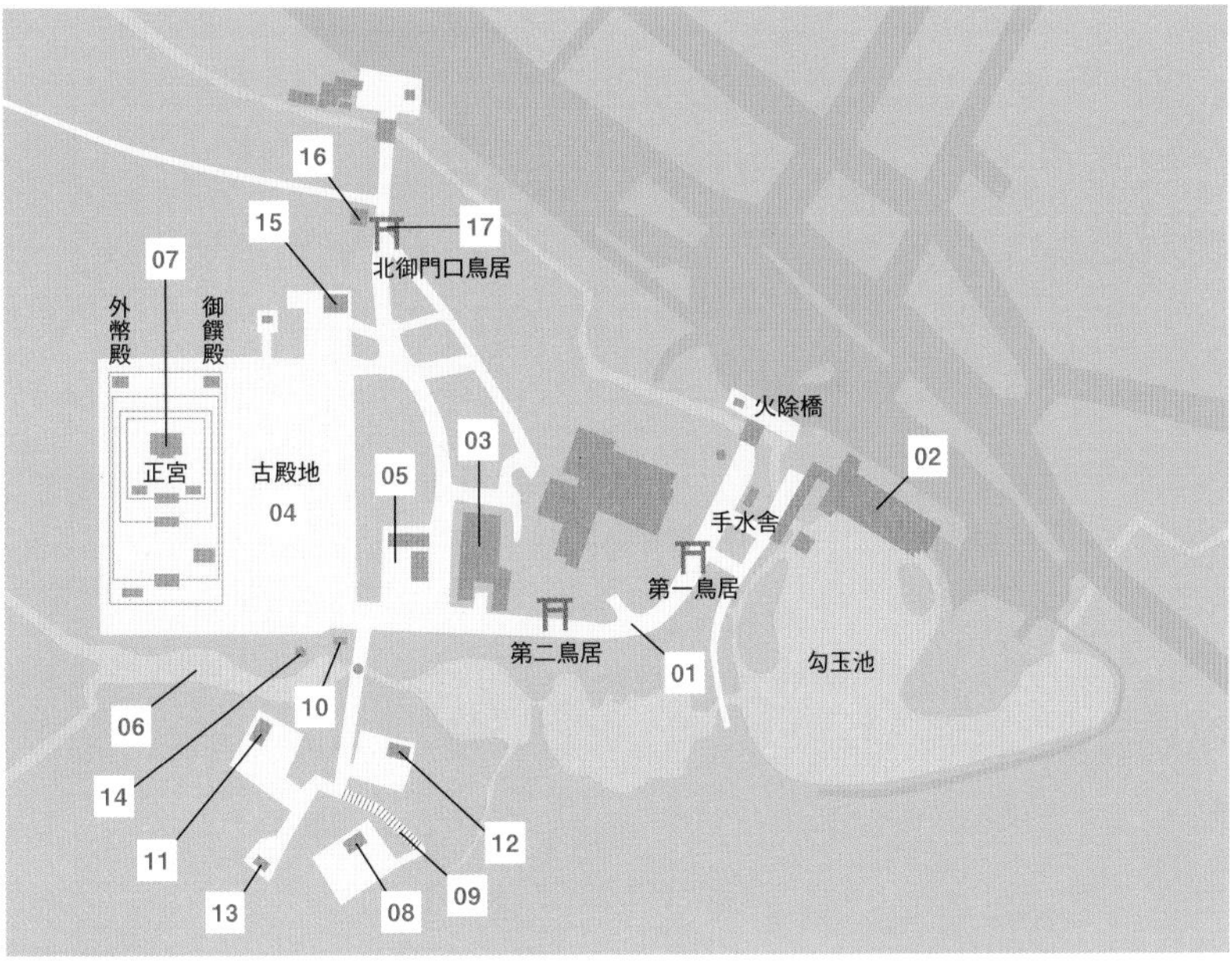

01 表参道
02 勾玉池とせんぐう館
03 外宮神楽殿と授与所
04 古殿地《こでんち》
05 五丈殿《ごじょうでん》と九丈殿《くじょうでん》
06 御池
07 ご正宮
08 多賀宮《たかのみや》
09 多賀宮への石階
10 別宮遙拝《ようはい》所
11 土 宮《つちのみや》
12 風 宮《かぜのみや》
13 下御井神社《しものみいのじんじゃ》
14 三つ石
15 忌火屋殿《いみびやでん》
16 御厩《みうまや》
17 北御門参道の鳥居

皇大神宮（内宮）へ参拝する

伊勢市内を流れる五十鈴川《いすずがわ》の上流にご鎮座する、森に囲まれた皇大神宮《こうたいじんぐう》。
通称「内宮《ないくう》」と呼ばれ、地元では「内宮さん」と親しまれています。
太陽にもたとえられる高天原の最高神、天照大御神。
その太陽の恵みを受け、この世に生を受け、生きていることへの感謝。
参道を歩くと、そんなシンプルな自分に出会えるかもしれません。

ご祭神は天照大御神《あまてらすおおみかみ》。皇室の御祖神《みおやのかみ》であり、太陽にもたとえられる高天原（天上界）の最高神です。また、国民の総氏神として崇められ、多くの人々の信仰を集めてきました。

およそ2000年前のこと。天照大御神は皇女である倭姫命《やまとひめのみこと》とともに、永遠の宮地を求めて各地を巡行していましたが、垂仁天皇26年、五十鈴川の川上で理想の大宮地へたどり着き、この地にご鎮座されました。

さて、内宮の参拝は、日常から聖なる世界への境となる宇治橋を渡るところから始まります。

宇治橋を渡り、神苑《しんえん》に入ると、右手に神路山、左手に島路山が見えてきます。

ここから前に見える風景、すべてが神宮の敷地であり、5500ヘクタールもの広大な神宮の森が広がります。

中でもご社殿を中心にした神域はご鎮座以来、斧を入れない禁伐林となっており、原生林が育む瑞々しい空気をそのまま感じることができます。

手水舎や五十鈴川の御手洗場でお手水をした後、第一鳥居、第二鳥居を通り、ご正宮へ向かいます。玉砂利を踏みしめながら長い参道を歩くと、次第に心が清められていくのを感じることができます。

ご正宮では外玉垣南御門の前、白い絹の御幌《みとばり》の前にて参拝します。

その後は別宮に参拝しましょう。内宮の第一別宮である荒祭宮《あらまつりのみや》、そして同じく別宮の風日祈宮《かざひのみのみや》へ向かい、風日祈宮橋を渡ります。橋の上からは春から夏にかけて新緑が、秋には美しい紅葉を眺めることもできます。

風日祈宮を参拝し、時間があれば橋を渡ってすぐ左の道へ入り、瀧祭神《たきまつりのかみ》へ。

再び神楽殿前に戻って帰路につきますが、この時、御神楽《おかぐら》や御饌《みけ》を奉納するのも良いでしょう。

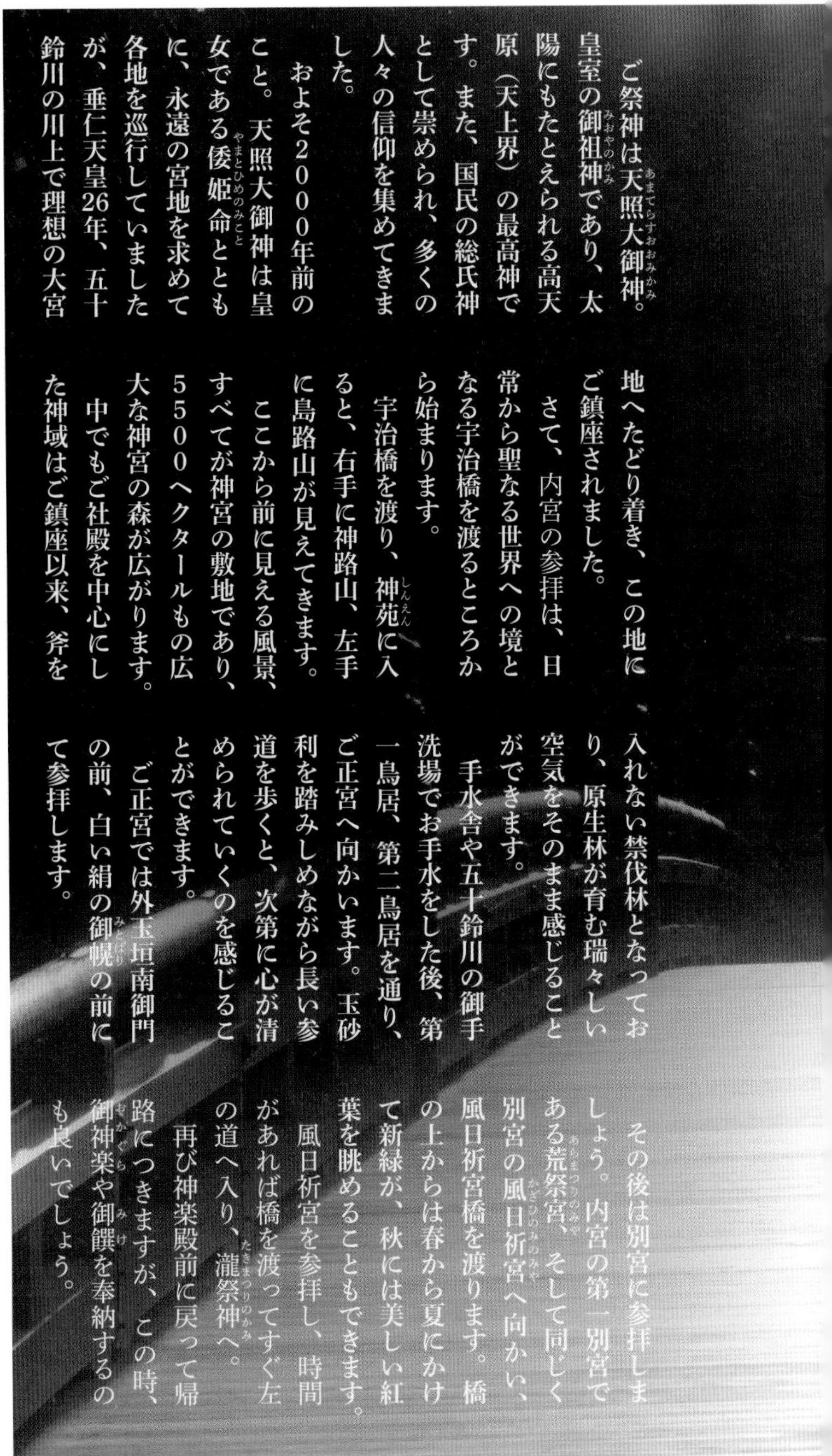

内宮の宇治橋に、
天から太陽の光が
降りそそぐ

1

3

2

1　宇治橋

五十鈴川にかかる、聖界と日常の世界との境界にある橋。渡ることで聖域に入ることを表しています。式年遷宮行事の一つとして20年に一度架け替えがされ、前回は平成21年に新しい橋になりました。長さ101・8メートルという大きなヒノキ造りの橋で、内宮ご正宮から見て内側にある鳥居は内宮の旧ご正殿の棟持柱《むなもちばしら》、外側にある鳥居は外宮の棟持柱を再使用しています。

2　神苑《しんえん》

宇治橋を渡って右側にある、玉砂利を敷き詰めた広い参道。明治中期まで民家がありましたが、美観を高め、民家から発生した火災が延焼しないように美しい園へ整備されました。野鳥がさえずり、美しい草花たちが咲き、歩くだけで心が癒されます。

3　五十鈴川と御手洗場《みたらし》

第一鳥居を過ぎて右に下りていくと、神路山、島路山を水源とする五十鈴川の御手洗場があります。徳川綱吉の生母、桂昌院が寄進したと伝わる石畳があり、ここでお手水をすることもできます。

4

6

5

4　祓所《はらえど》

第一鳥居内祓所。大祭が行われる前月末日には、大宮司《だいぐうじ》以下の神職・楽師を祓い清める儀式「大祓《おおはらい》」が行われます。また、6月、12月末日にも大祓が行われ、同日に神宮の全職員も祓い清めます。写真は4月の大祓。

5　内宮神楽殿

ご祈祷（大々神楽、御饌）を行う神楽殿と御饌殿《みけでん》があります。ご祈祷の受付は午前8時から午後3時30分（ご奉仕は午前8時30分から）。所要時間は25分から40分くらいです。受付は神楽殿のご祈祷受付にて。授与所では次期式年遷宮へ向けた御造営資金の奉納も受け付けています。また、授与所ではお神札やお守りの授与がされています。内宮参拝記念の御朱印もここでいただけます。

6　五丈殿《ごじょうでん》

建物正面の長さが5丈（1丈＝約3メートル）あることから名づけられました。雨天の折に摂社・末社の遙祀《ようし》や、遷宮諸祭では饗膳《きょうぜん》の儀が行われます。また、毎年1月11日の「一月十一日御饌」では、日本古来の歌舞「東遊《あずまあそび》」がここで奉納されます。

7

9

8

7 第二鳥居

特別な境界でもある第二鳥居。皇族のご参拝の際には第二鳥居前にて修祓《しゅはつ》（お祓い）の儀がなされます。また、勅使が天皇陛下の幣帛《へいはく》（神々への捧げもの）を奉《たてまつ》る時も、第二鳥居にて幣帛を祓い清めます。神宮の祭典期間は運が良ければ、参進《さんしん》などに出会うこともできるかもしれません。写真は月次祭「御卜《みうら》」参進の様子。

8 四至神《みやのめぐりのかみ》

内宮の所管社。宮域の守り神で、四方の境界を守る神様。五丈殿の東に石畳で祀られています。近年、手をかざす人が多く見られますが、失礼にあたるのでやめましょう。二拝二拍手一拝の作法でお参りください。

9 御酒殿《みさかどの》と由貴御倉《ゆきのみくら》

内宮の所管社。向かって左が御酒殿、右が由貴御倉です。御酒殿は三節祭（神嘗祭《かんなめさい》と12月と6月の月次祭《つきなみさい》）にお供えする4種類のお神酒を一時的に納める建物。お祭りの前には御酒殿祭が行われ、神前にお供えする神酒がおいしく醸造されるように祈願し、併せて日本全国の酒造業の繁栄を祈願します。一方、由貴御倉は古くはお供えものを

10

12

11

納めておく倉でした。「由貴《ゆき》」とはこのうえもなく貴《とうと》く、清浄でけがれがないという意味です。

10　荒祭宮への参道

ご正宮の参拝の後、参道を少し戻って右の道へ進むと御稲御倉《みしねのみくら》や外幣殿《げへいでん》があります。さらに進むと石段が見え、そこを下りると前方にあるのが荒祭宮です。また、写真手前左側には注連縄が張られた場所がありますが、そこは荒祭宮の遥拝《ようはい》所です。

11　忌火屋殿《いみびやでん》

神様のお食事（神饌《しんせん》）を調理する場所。外宮の忌火屋殿では毎日調理が行われますが、内宮では、内宮でのお祭りがあるときに使われます。前の庭は祓所《はらえど》となっており、諸祭典の神饌と神職を祓い清めます。写真は月次祭「修祓《しゅはつ》」。

12　御贄調舎《みにえちょうしゃ》

ご正宮の石段下にある建物。祭典の際には外宮の豊受大御神を石積のご神座にお招きし、御贄（神饌）であるアワビを調理する儀式が行われます。

上／石階下からのご正宮。一般の参拝者は石段を上がり、外玉垣南御門の前で。白い絹の御幌（みとばり）の前にて二拝二拍手一拝（P72）の作法で参拝します。 右下／ご正殿の高欄（こうらん）には青、赤、黄、白、黒の五色の居玉（すえだま）がのっています。 左下／遷宮諸祭の一つ「古物渡」に際し、ご正宮の石段を上る神職。

左ページ／ご正宮を守る五重の御垣の一番内側、瑞垣の中にはお白石が敷き詰められ、美しいご正殿が建っています。

13　ご正宮

ご祭神の天照大御神《あまてらすおおみかみ》が祀られています。正式には「天照坐皇大御神《あまてらしますすめおおみかみ》」と言い、お祭りの際にとなえられる最高のご神名です。皇室の御祖神であり、私たち日本人の大御祖神。五重の御垣に囲まれた一番奥のご正殿にご鎮座されています。ご正殿は唯一神明造《ゆいいつしんめいづくり》。お屋根は萱葺《かやぶき》で鰹木《かつおぎ》が10本並べられ、屋根の千木《ちぎ》は先端が水平な内削ぎになっています。神聖な場所ですので、石段の上からは撮影禁止です。左ページの写真は瑞垣《みずがき》の中に建つご正殿。後方右に東宝殿、左には西宝殿があります。

14

16

15

14 荒祭宮《あらまつりみや》

ご祭神は天照坐皇大御神荒御魂《あまてらしますすめおおみかみのあらみたま》。荒御魂とは、神様の御魂の働きの一つで、活動的・活発的に顕著なご神威を現す御魂と考えられ、信仰されてきました。内宮の第一別宮とされ、古くから大祭である神御衣祭《かんみそさい》が行われるのは、内宮ご正宮と荒祭宮のみであり、この宮の格式の高さがうかがえます。外宮の多賀宮と同様、荒祭宮には鳥居がありません。写真は神嘗祭「由貴夕大御饌《ゆきのゆうべのおおみけ》」。

15 御稲御倉《みしねのみくら》

ご祭神は御稲御倉神《みしねのみくらのかみ》。お米の神様です。神宮神田で収穫された稲が籾の状態で収められ、三節祭（神嘗祭と12月と6月の月次祭）で天照大御神に捧げられます。内宮の所管社。

16 外幣殿《げへいでん》

ご正宮のご正殿がある瑞垣には東宝殿、西宝殿という、神々に奉納された幣帛《へいはく》や神宝類を納める建物がありますが、外幣殿は御垣の外にある幣帛殿です。

17

19

18

17　風日祈宮《かざひのみのみや》

ご祭神は風雨を司る神様、級長津彦命《しなつひこのみこと》と級長戸辺命《しなとべのみこと》。外宮の風宮と同じ神様で、元寇（蒙古襲来）の時、神風を吹かせて国難を救った功績から別宮に昇格しました。かつて風日祈宮では日祈内人《ひのみのうちんど》という特別な神職がおり、旧暦7、8月の2カ月間、風雨の平安と五穀豊穣を朝夕祈願していました。現在は毎年5月14日と8月4日、風日祈祭《かざひのみさい》の2日間のみになりました。

18　風日祈宮橋《かざひのみのみやばし》

別宮の風日祈宮へ通じる橋で、五十鈴川支流の島路川が下を流れています。新緑と紅葉が美しく、心癒される人が多い場所です。写真手前の右の細道を行くと、瀧祭神へたどり着きます。

19　瀧祭神《たきまつりのかみ》

五十鈴川御手洗場近くにある内宮の所管社。五十鈴川の守り神、水の神様として石畳に祀られ、別宮に準じて祭典が奉仕される特殊なお宮です。伊勢では、毎年8月1日（八朔《はっさく》）に五十鈴川でくんだ水を瀧祭神にお供えし、家に持ち帰って神棚に置き、無病息災を祈る風習があります。

20　大山祇神社《おおやまつみじんじゃ》と子安神社《こやすじんじゃ》

内宮の所管社。向かって右が大山祇神社、左が子安神社。大山祇神社のご祭神は大山祇神《おおやまつみのかみ》。神路山の守り神で、古くは山神社と呼ばれていました。子安神社のご祭神は大山祇神の娘神である木華咲耶姫神《このはなさくやひめのかみ》。もとは産土の神で、「子安」の名の通り安産、子授け、子育ての神様として信仰されています。

21　御厩《みうまや》

神楽殿の前に内御厩《うちのみうまや》、参集殿前に外御厩《そとのみうまや》があり、運が良ければ皇室から牽進された神馬《しんめ》に会うことができます。毎月1、11、21日朝8時頃に神馬がご正宮にお参りする神馬牽参があります。

22　御池《みいけ》

参拝帰りに休憩したい美しい池です。野鳥も集まり、豊かな自然を満喫できます。

23　参集殿《さんしゅうでん》

参拝者のための無料休憩所で、お茶を飲みながら神宮紹介の映像を見ることもできます。参拝記念品も販売。能舞台もあり、能楽や狂言などが奉納されることも。

内宮

オススメ参拝順路

宇治橋 → 神苑 → 手水舎 五十鈴川御手洗場 → ご正宮 → 荒祭宮 → 風日祈宮 → 瀧祭神 → 神楽殿

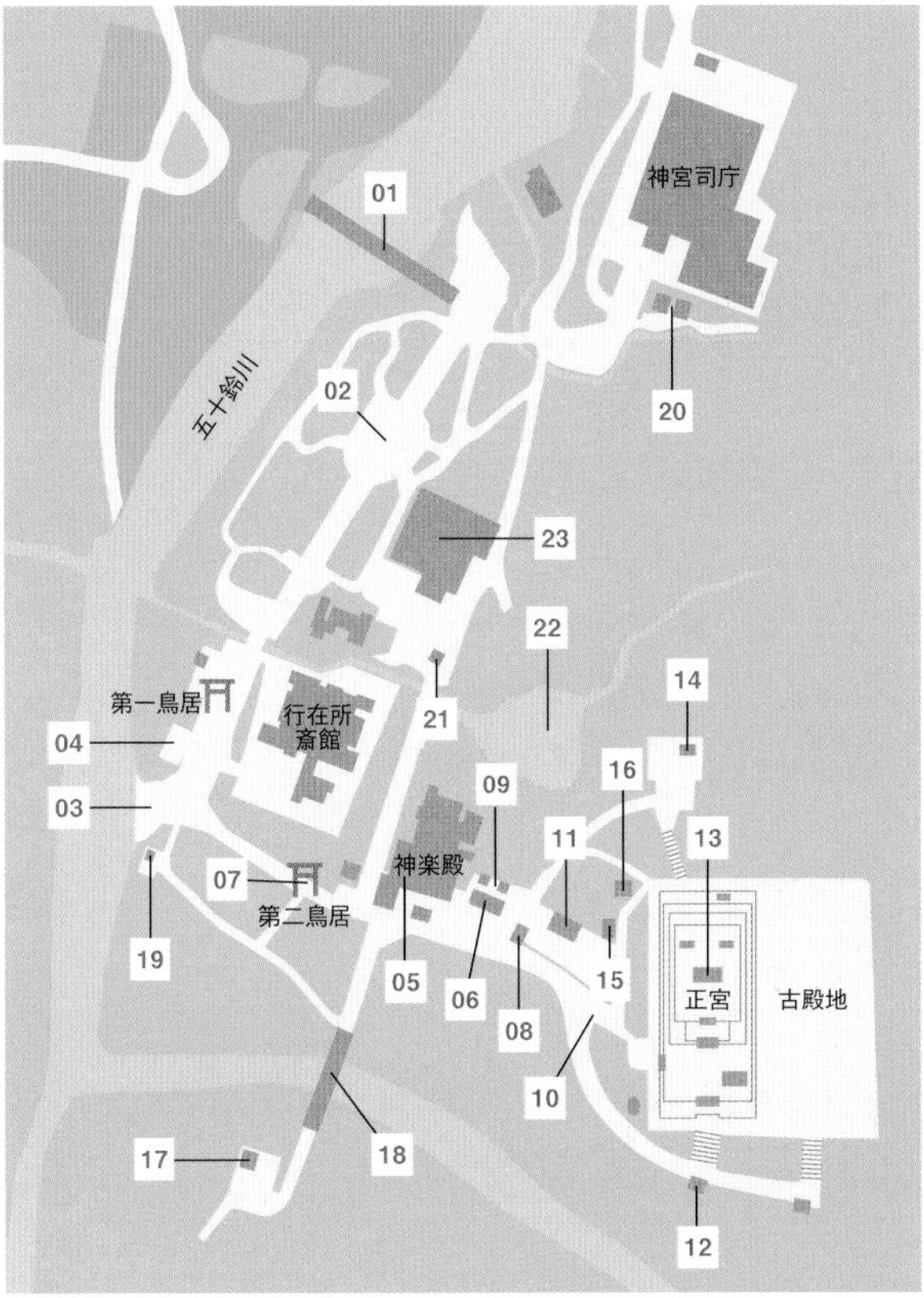

01 **宇治橋**
02 **神苑《しんえん》**
03 **五十鈴川と御手洗場《みたらし》**
04 **祓所《はらえど》**
05 **内宮神楽殿**
06 **五丈殿《ごじょうでん》**
07 **第二鳥居**
08 **四至神《みやのめぐりのかみ》**
09 **御酒殿《みさかどの》と由貴御倉《ゆきのみくら》**
10 **荒祭宮への参道**
11 **忌火屋殿《いみびやでん》**
12 **御贄調舎《みにえちょうしゃ》**
13 **ご正宮**
14 **荒祭宮《あらまつりみや》**
15 **御稲御倉《みしねのみくら》**
16 **外幣殿《げへいでん》**
17 **風日祈宮《かざひのみのみや》**
18 **風日祈宮橋《かざひのみのみやはし》**
19 **瀧祭神《たきまつりのかみ》**
20 **大山祇神社《おおやまつみじんじゃ》と子安神社《こやすじんじゃ》**
21 **御厩《みうまや》**
22 **御池《みいけ》**
23 **参集殿《さんしゅうでん》**

これだけは知っておきたい!

美しい参拝者になるために

神宮は様々な世代の参拝者が、大勢集まる場所。神宮は観光地ではなく、
信仰の場所なのでみんなでマナーを守り、良い参拝にしたいものです。
ここでは美しい参拝者になるための、基本マナーをまとめました。

イラスト=宇和島太郎
illustration:Taro Uwajima

×

参拝に適した服装に

参道は玉砂利が敷いてあるので、ヒールの高い靴やサンダルは歩きにくくて危険です。歩きやすい靴にしましょう。また、ご神前では必ず帽子をとり、携帯電話は電源を切るかマナーモードに。ご祈祷を受ける場合は正装に近い服装がふさわしいでしょう。

○

参道の歩き方

通常、神社は左側通行が多いですが、内宮は右側通行、外宮は左側通行となっています。参道では、なるべく中央を歩かないようにしましょう。また、鳥居をくぐるときには、軽く一礼するのが良いようです。

○

柏《かしわ》手《で》は音を立てて、パチンと打つ

柏手は必ず音を立ててパチンと打ちましょう。イラストのように右手を左手より少しずらし、右手の指で左手の手のひらを強めに打つようにすると、いい音が出ます。パチンと高い音がでるように自宅で練習するのもおすすめです。音を出さない柏手は「しのび手」といって葬儀の作法になってしまいますので、神前では音を立ててください。

×

香りの強い香水や整髪料は遠慮する

神域は森の樹々の香り、草花の香りに包まれ、繊細な自然の香りを感じられる場所です。神宮の森の香りに癒される参拝者も多いため、強い香水や整髪料は「香害(こうがい)」となります。とくにご社殿近くはリラックス効果も高い、美しいヒノキの香りが漂っています。まわりの人のためにも強い香りは遠慮しましょう。

×

失礼な行為について

最近、外宮の三つ石、内宮の四至神(みやのめぐりのかみ)に手をかざす人が多くいます。注連縄(しめなわ)をはってあるにもかかわらず、手をかざしたり、手を入れるのは無礼にあたりますので、やめてください。お賽銭を入れるのもやめましょう。せっかく神宮へ参拝するのに、神様に失礼があっては何のための参拝なのか分からなくなります。

○

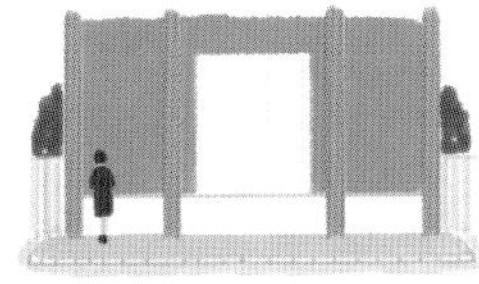

お祈りのときに気をつけたいこと

ご神前で拝礼したのち、長くお祈りしたいときは中央を避け、端に寄ってお祈りしましょう。大声で祝詞(のりと)を唱えたりするのもマナー違反。真剣にお祈りしている人もいるので、なるべく大きな声をあげるのはやめましょう。

×

樹を大切に。ベタベタ触らないで

参道の巨木に抱きついたり、なでたりする人が後を絶ちません。神宮はかなりの参拝者がいるので、樹々は相当ダメージを受けています。神域の樹木は神聖なものですし、私たちが思っている以上にデリケートなので、故意に触るのは控えましょう。また、参道脇の森の中には絶対に入らないでください。

×

神馬にフラッシュをたかないで

御厩(みうまや)では皇室から牽進された神馬(しんめ)に会うことができるかもしれません。ただ、神宮はものすごい数の参拝者がいます。大きな声をたてたり、手を叩いて大きな音を立てると、神馬がものすごくストレスを感じてしまいますので、静かに見守っていてあげてください。また、写真撮影をする際には神馬にフラッシュを浴びせないようにしてください。

×

駐車場での車の停め方

参拝は駐車場から始まっています。できれば車は本殿の方向を前にして停め、神様にお尻を向けないようにすると良いようです。また、神宮が大切にしている樹木に向かって排気ガスがかからないようにしましょう。エンジンをかけたままアイドリング状態を続けるのも自然環境に良くないので、なるべく控えてください。

×

五十鈴川の御手洗場に賽銭を入れないで

神域内の看板にも書いてありますが、五十鈴川に賽銭は投げないでください。清らかな神域の川が汚れてしまいますし、鯉が餌と間違えて飲み込んでしまいます。また、宮域内ではないですが、おはらい町横の五十鈴川で、石を投げて遊んでいる人を多く見かけます。野鳥や鯉などの生きものに当たってしまいますので、控えましょう。

神社参拝の基本を学ぶ

全国の神社で行うお手水と二拝二拍手一拝の作法。
今回は基本となる作法を、少し本格的にするための参拝方法を紹介します。

お手水

お手水の基本は手と口を水で洗い清め、心身をきれいな状態にすること。手水は川や海に入って禊(みそぎ)をしていたものを簡略化したものです。

1

軽く一礼(一揖＝いちゆう)します。

2

右手にひしゃくを持ってたっぷり水をくみ、まず左手を清めます。

3

次に右手を清めます。

4

再び右手にひしゃくを持って、左の手のひらに水を受け、口をすすぎます。(ひしゃくには直接口はつけないで)

5

残った水で左手をすすぎ、柄をすすぎ、洗い清めます。

6

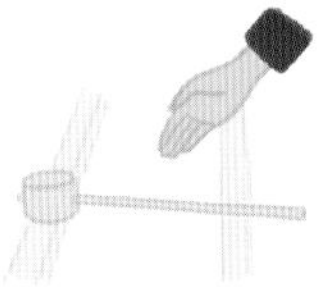

ひしゃくを元にもどします。

7

最後に軽く一礼(一揖)します。

二拝二拍手一拝

神前では拝礼の作法をしてお祈りをします。前後に一礼(一揖＝いちゆう)をいれることで、より丁寧な拝礼となります。

1

ご神前に進み、姿勢を正します。

2

軽く一礼(一揖)します。

3

背中を平らにして腰を90度折り、拝(深いお辞儀)を2回します。

4

胸の高さで手を合わせます。

5

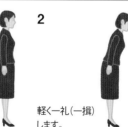

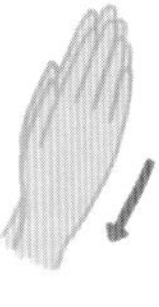

右手を左手より少し下にずらし、2回手を打ち鳴らします。

6

ずらした手を戻し、最後に深く一拝します。

7

軽く一礼(一揖)します。

御神楽《おかぐら》をあげる

神宮のご祈祷には2種類あります。「御饌（みけ）」はお祓いの後に、御神前に神饌をお供えして、祝詞をあげます。一方、「御神楽（おかぐら）」はこの御饌に加えて、舞楽（ぶがく）を奉納すること。神宮の楽師（がくし）が雅楽を奏で、舞女（ぶじょ）が舞います。なお、御神楽は神様に楽しんでいただくために奉納するので、舞を後ろから見守るカタチになります。

1

軽く頭を下げ、榊によるお祓い（修祓）を受けます。

2

雅楽の演奏とともに、お神札と神饌が御神前に供えられます。

3

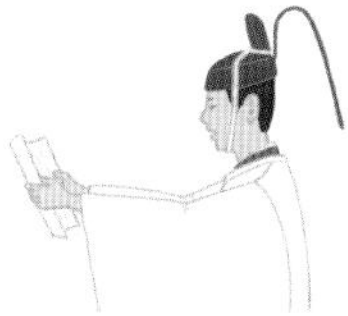

神職が祝詞を奏上し、感謝や願意を神様に伝えます。この時は低頭して祈りを捧げます。

4

舞女による倭舞が奉納されます。この後、初穂料によって舞人が舞う曲が異なります。

5

雅楽の演奏とともに、舞女がお供えものを下げます。

6

その場にて二拝二拍手一拝の作法で拝礼。その後、代表者は御神酒をいただきます。

受付時間
8:00〜15:30（ご奉仕は午前8時30分から）
場所
内宮・外宮の神楽殿

神楽の種別と初穂料
御神楽（倭舞）1万5000円以上
大々神楽（倭舞・人長舞）5万円以上
別大々神楽（倭舞・人長舞・舞楽1曲）10万円以上
特別大々神楽（倭舞・人長舞・舞楽2曲）50万円以上

一般公開される神楽祭へ！

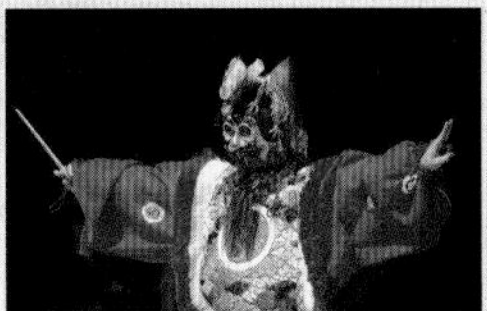

神宮では春と秋に、舞楽を広く一般公開しています。約30人という専任の神宮楽師による歌舞は圧巻。日本で古くから伝わる、御神楽の世界を感じることができます。春の神楽祭は「昭和の日」をはさむ3日間（4月28日〜30日）、秋の神楽祭は「秋分の日」をはさむ3日間、午前11時、午後2時より、内宮神苑の特設舞台で行われます。
※雨天の場合は、参集殿能舞台で午前11時のみ。

第3章

美しい別宮めぐり そして、125社へ

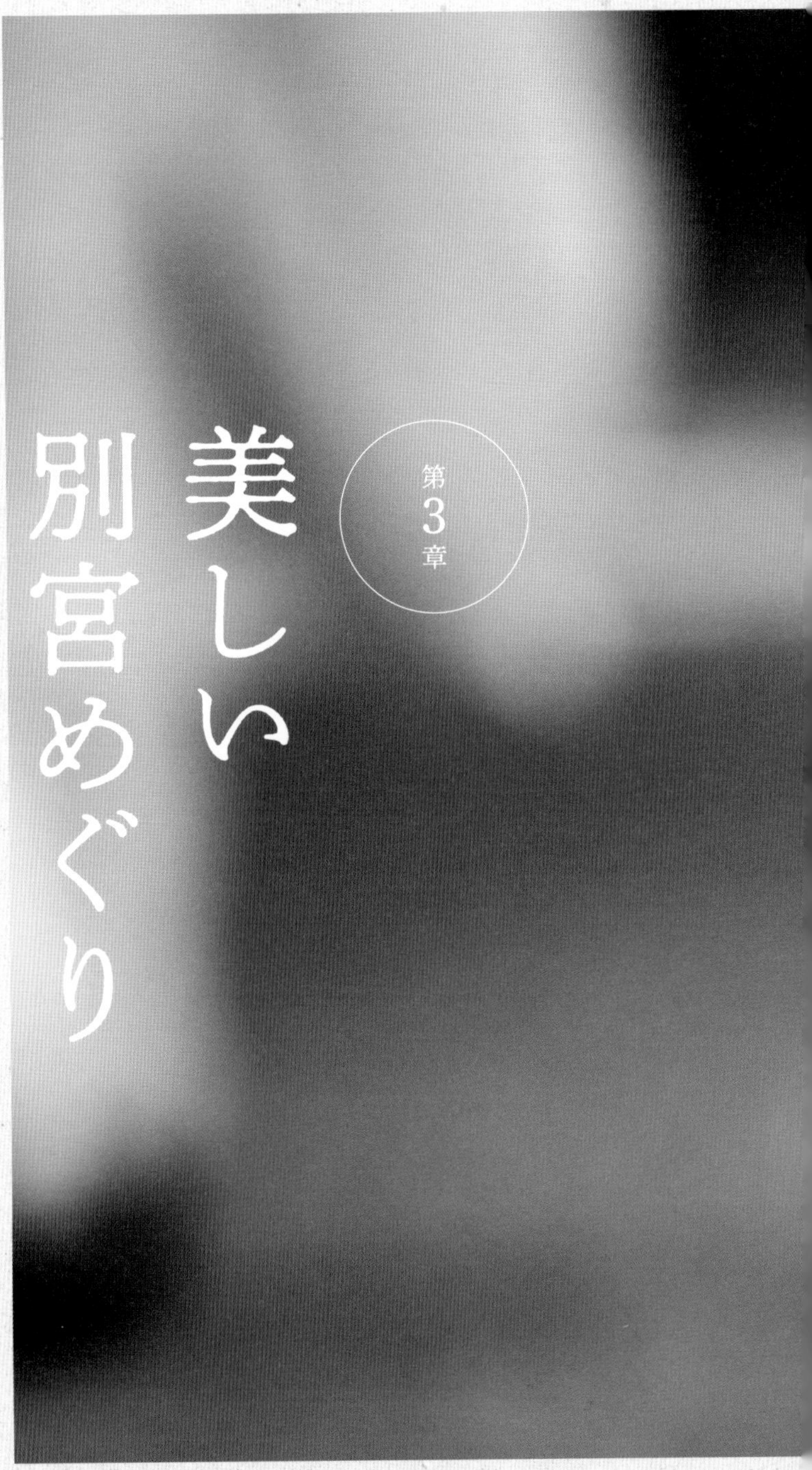

御塩による修祓(しゅはつ)

離れた場所にある静かで清らかな別宮へ

神宮の別宮は内宮に10宮、外宮に4宮あります。それぞれが両正宮とは違った趣があり、内宮・外宮の宮域内にある別宮と、離れた場所にある別宮は、また違った雰囲気を持っています。この本では14別宮すべてを参拝することをおすすめします。時間的に余裕がなければ、何度か神宮に足を運び、少しずつ無理なく参拝するのも良いでしょう。すべての別宮を参拝すると、神宮がもっと身近になるはずです。ここでは、長年神宮を崇敬し、神宮に関する著書も多い万象学宗家の辰宮太一さんに、それぞれの別宮の魅力をお聞きしました。

別宮・瀧原宮。森の中に続く参道を、神職たちが参進する。

別宮で感じる神都

別宮《べつぐう》はご正宮の「わけみや」または「わかれのみや」という意味で、ご正宮の次に格式が高いお宮のことです。内宮に10宮、外宮に4宮あります。両正宮や宮域内の別宮を参拝したら、離れた場所にある別宮へ出かけてみましょう。

初めて訪れる方は、こんもりとした森に囲まれた、静かで清らかな神域が心に残るはずです。両正宮と比べると参拝者が少ないため、お社の前でゆっくり佇む人も少なくありません。

私たちの日常とは違う、ゆるやかな森の時間。木漏れ日があふれる参道で立ちどまり、木々の香りをかいだり、野鳥の声に耳を傾けたりと、ゆったりとした参拝ができるのも別宮の良さです。

また、別宮を巡ることによって、新たな発見も次々とあります。たとえば、その別宮にしかないお祭りがあったり、地元の人々に愛されている側面を知ることができたり。神宮に何度も通っている参拝者は、それぞれ好きな別宮があるのも面白いところです。

別宮はご祭神や歴史、成り立ちも違う分、それぞれの魅力があるのです。

そして、神都の規模の大きさ、大自然と調和したプリミティブな神宮の奥深さを肌で感じ、神宮が１２５のお宮の集合体であり、神様の都＝神都《しんと》であることを実感できるかもしれません。

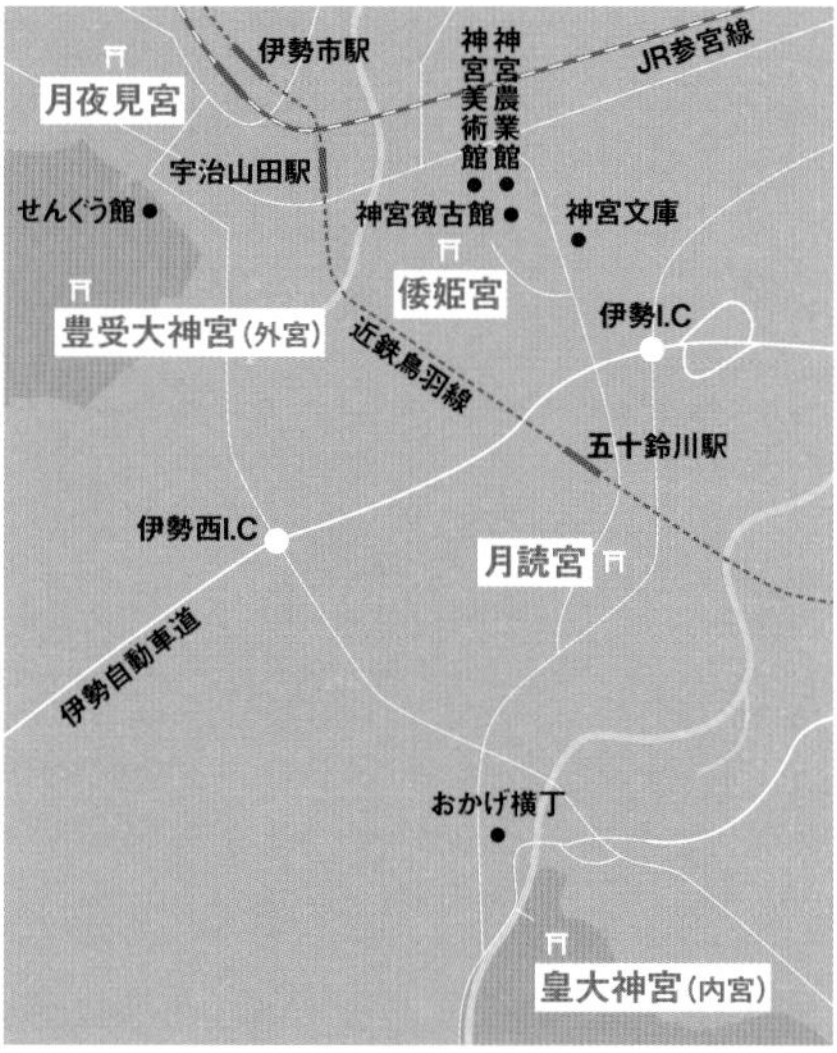

伊勢市内の別宮

広域に拡がる遙宮《とおのみや》や宮社

1

内宮の別宮

瀧原宮《たきはらのみや》

瀧原宮《たきはらのみや》　ご祭神　天照坐皇大御神御魂《あまてらしますすめおおみかみのみたま》

瀧原並宮《たきはらのならびのみや》　ご祭神　天照坐皇大御神御魂《あまてらしますすめおおみかみのみたま》

古くから「遥宮《とおのみや》」として、また「元伊勢」として信仰を集める別宮。

約2000年前、垂仁天皇の御代。皇女・倭姫命《やまとひめのみこと》が天照大御神を祀る場所を求めて宮川を船で遡ったとき、土地の神である真奈胡神《まなごのかみ》の案内で、大小の滝が流れる美しい土地を発見。この地に大御神をお祀りしたのが瀧原宮の起源です。

その後、伊勢にご鎮座されましたが、瀧原宮には変わることなく大御神の御魂がお祀りされています。

二宮が並んでお祭りされるのは、内宮のご正宮に天照大御神、荒祭宮に大御神の荒御魂を祀る姿の古い形と言われ、瀧原並宮には大御神の荒御魂が祀られていると考えられています。

深い森に囲まれた瀧原宮は広さ44ヘクタール。樹齢数百年という杉の巨木に包み込まれ、長く美しい参道が続きます。手水所もありますが、約600メートルもの参道の途中には、頓登《とんど》

住所……三重県度会郡大紀町滝原872

3

4

2

6

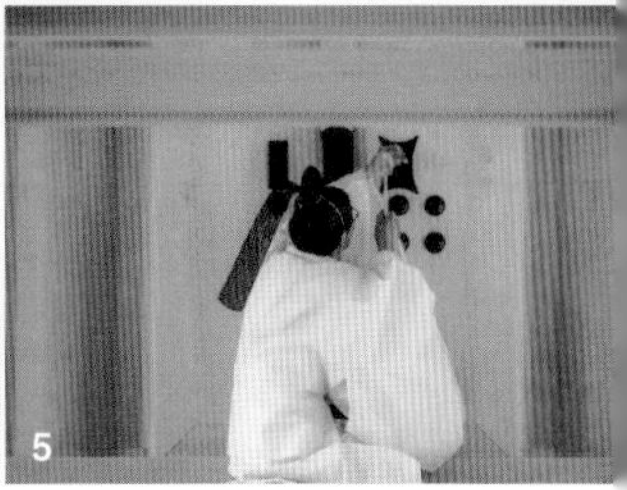

5

1. 右が瀧原宮、左が瀧原並宮。深い森の中にご鎮座されています。2. 頓登川の流水でお手水ができる御手洗場。3. 森の息吹あふれる美しい森。4. 瀧原宮参道入口の紅葉。5. 式年遷宮のお祭り、瀧原並宮の御戸祭。6. 参道の両側には、杉の巨木が天に向かってまっすぐ立ち並ぶ。

川へ下りる場所があり、川の流水でお手水を行えるようになっています。

参道を進むと左手にご社殿があり、右に瀧原宮、左に瀧原並宮の二つのお宮が並んでいます。瀧原宮、瀧原並宮の順に参拝しましょう。瀧原並宮と古殿地の間には、別宮にはここだけという御船倉《みふなぐら》があります。

そして、瀧原宮の東の石段を上り、瀧原宮所管社である、若宮神社を参拝しましょう。ご祭神は天水分神《あめのみくまりのかみ》との説があります。その後、石段を下りて、瀧原宮所管社である長由介《ながゆけ》神社《じんじゃ》をお参りします。ご祭神は瀧原宮のお食事を司る御饌津神《みけつかみ》、長由介神《ながゆけのかみ》と考えられています。

辰宮さんオススメ 瀧原宮の魅力

参道の雰囲気も御手洗場も、まるで小さな内宮のようです。ひとつだけ違うのは、社務所にあるモミジでしょうか。11月半ば、錦秋の頃はあまりの美しさに感動するはずです。もちろん、生命力あふれる若葉の頃も。

参道には杉の大木が雄々しく立ち、根元にはなんとも癒される苔がついています。

瀧原宮は枯れた心をみずみずしく蘇らせ、癒してくれる場でしょう。初めて参拝した時は、帰りたくなくなるほどに気持ちのいい神社だと思いました。帰りの電車ギリギリまで、境内にたたずんでいたことを思い出します。

そして、東京に帰ってから、仕事でも人に会う時でも、気持ちが満たされている感覚が続いたことを憶えています。

1

内宮の別宮

伊雑宮《いざわのみや》

ご祭神　天照坐皇大御神御魂《あまてらしますすめおおみかみのみたま》

伊雑宮《いざわのみや》

志摩の磯部町にある伊雑宮。宮域内は穏やかで明るい雰囲気にあふれ、「いぞうぐう」と呼ばれ、人々に親しまれています。

約2000年前、垂仁天皇の御代。天照大御神が伊勢にご鎮座した後、倭姫命が大御神へのお供えものを採る御贄地を探して志摩を巡っていたとき、伊佐波登美命《いざわとみのみこと》が稲を奉り、この地に神殿を創建してお迎えし、大御神の御魂をお祀りしたと伝わります。

志摩という土地は海の幸が豊富な場所で、古来、神宮や朝廷に海産物を奉納してきました。今でも志摩で採れたアワビや伊勢海老などの神饌が神宮に奉納されています。その関係もあり、地元の漁師や海女にも篤い信仰を集め、海に入るときには伊雑宮のお守りを身につけるそうです。

また、毎年6月24日、伊雑宮の月次祭の日、隣接する御料田《ごりょうでん》にて御田植式《おたうえしき》、別名「磯部の御神田《おみた》」が行われます。これは国の重要無形民俗文化財に指定され、日本三大田植祭の一つとされています。

住所……三重県志摩市磯部町上之郷374

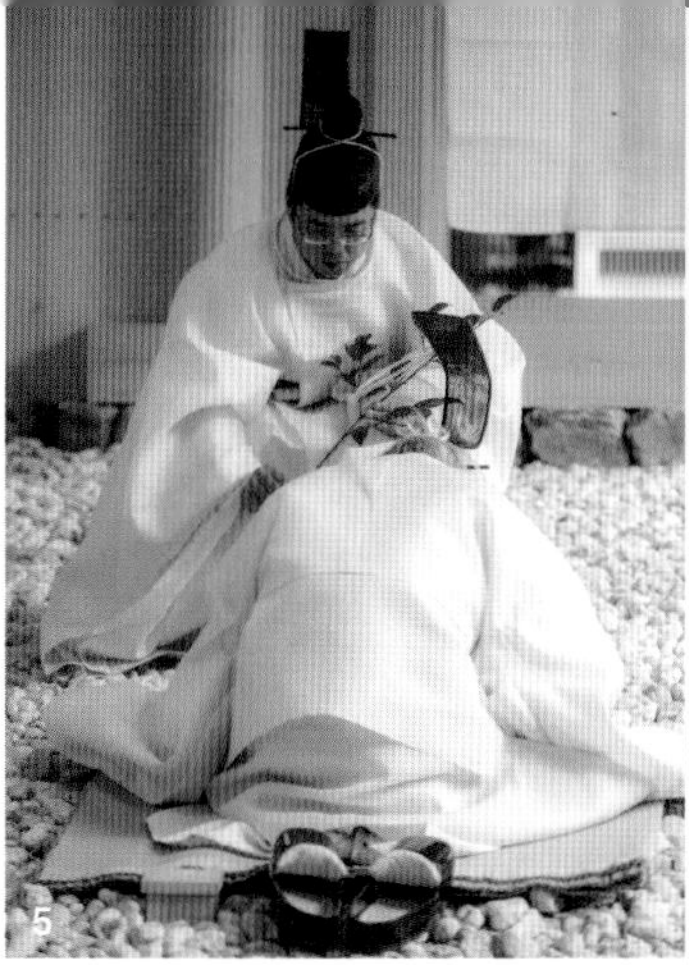

1. 木漏れ日の美しい、森に囲まれた伊雑宮。2. 式年遷宮のお祭り、伊雑宮の「遷御」。3. 佐美長神社。奥に見える4社は佐美長御前神社。4. 隣接する御料田で行われる御田植式。太鼓や笛のお囃子の中、菅笠をかぶり、一列になって御田植をします。5. 伊雑宮の祈年祭「奉幣」。

まず、参拝・修祓の後、菅笠をかぶった早乙女たちが御料田で手を取り合って回る「苗取り」が行われます。次に御料田に立てられた大きなうちわを倒し、下帯姿になった近郷漁村の青年たちが竹を奪い合う「竹取り」が行われます。その後、一列で御田植をしていくのですが、式は午前中から夕刻まで1日を通して行われます。すべて地元の人々の奉仕です。

さて、伊雑宮を参拝したら、約800メートル離れた伊雑宮の所管社、佐美長《さみなが》神社へも行ってみましょう。ご祭神は五穀豊穣の守護神、大歳神《おおとしのかみ》と伝わりますが、一説には伊佐波登美命を祀ったとも言われています。

辰宮さんオススメ 伊雑宮の魅力

伊雑宮の伝承は非常に複雑です。御田植祭の大団扇の図柄などは、道教色すら漂うほど。いずれにせよ古い信仰が集う地なのだろうと思います。

お参りに行くと、いつも心から楽しくなるお宮です。もしかすると、神宮の125社の中で、もっとも若い神気に満ちているのではないでしょうか。個人的な感覚ですが、あたたかく南国的な、広々とした気持ちになり、子供のように遊びたくなるのです。若返らせてくださるかも知れません。

また、アーティスト系の人には、イマジネーションが降りてくる濃度が増すようです。私も文章を書く際には、伊雑宮さんを想い浮かべるようにしていますが、そうしてからはスランプがとても少なくなったと思います。

1

内宮の別宮

月読宮《つきよみのみや》

月読宮《つきよみのみや》　ご祭神　月読尊《つきよみのみこと》

月読荒御魂宮《つきよみのあらみたまのみや》　ご祭神　月読尊荒御魂《つきよみのみことのあらみたま》

伊佐奈岐宮《いざなぎのみや》　ご祭神　伊弉諾尊《いざなぎのみこと》

伊佐奈弥宮《いざなみのみや》　ご祭神　伊弉冉尊《いざなみのみこと》

内宮から北上して、約1・8キロの距離にある月読宮。木漏れ日が美しい森の中、唯一神明造のご社殿が4社立ち並んでいます。

月読宮のご祭神である月読尊《つきよみのみこと》は、天照大御神の弟神で月の神様。月読荒御魂宮には月読尊の荒御魂が祀られています。

『古事記』『日本書紀』によれば、伊弉諾尊《いざなぎのみこと》が禊《みそぎ》をする際、左目より天照大御神が、右目より月読尊がお生まれになったとあります。伊弉諾尊は姉神の天照大御神に高天原を、弟神の月読尊に夜の国をお治めになるよう、ご委任されました。つまり、月読宮は天照大御神のご家族の神々のお宮であることが分かります。

住所……伊勢市中村町742-1

1. 月読宮は右から①月読荒御魂宮、②月読宮、③伊佐奈岐宮、④伊佐奈弥宮がご鎮座し、参拝は②①③④の順番で行います。2. 御幸道路から続く参道。森の中をゆっくり歩き、神聖な空気を感じたい方はこちらがおすすめ。3. 式年遷宮、伊佐奈岐宮「遷御の儀」。4. 国道23号線からの入口。ご社殿に近い参道があります。5. 内宮末社の葭原神社（あしはらじんじゃ）。田や畑を守護する五穀豊穣の神様をお祀りしています。6. 伊佐奈岐宮の神嘗祭「奉幣」。

　また、4宮のご祭神はすべて『尊《みこと》』の文字が使われています。ご神名には『命《みこと》』の文字も使われますが、『尊』は、この上なく尊いという意味で、『命』という文字よりも尊いと『日本書紀』で記されています。

　さて、ご社殿に向かうには二つの参道入口があります。一つは国道23号線からの入口。もう一つは参道が少し長い、御幸《みゆき》道路からの入口です。森の中をゆっくりと歩き、神聖な空気を感じたい方はこちらがおすすめです。お手水をしたら、4社のご社殿がある御敷地に向かいます。

　なお、月読宮の古殿地は隣接はせず、南北に分かれています。

辰宮さんオススメ 月読宮の魅力

月読宮にお参りする時、いつも「許される」という感覚を覚えます。過去の荷物が軽くなるような感覚です。やさしくおだやかで、しかし若々しい神気に満ちているお宮です。

そして、昔から人に勧めているのが、縁結びの御神徳です。伊佐奈岐宮と伊佐奈弥宮がありますから。ご祭神は最初の夫婦神と言われていますね。きちんと参拝し、感謝を捧げてから自己紹介をし、あとはほくほくとして帰りましょう。強く結びを祈る必要はないと思います。日々の暮らしに励んでいると、自然といいことに恵まれるのではないでしょうか。

内宮の別宮

倭姫宮《やまとひめのみや》

ご祭神　倭姫命《やまとひめのみこと》

倭姫宮《やまとひめのみや》

1. 4ヘクタールの自然豊かな森にある倭姫宮。2. 式年遷宮のお祭り、倭姫宮の後鎮祭。3. 御幸道路沿いの鳥居から続く、変化に富んだ地形が美しい参道。

天照大御神は当初宮中に祀られていましたが、新しい大宮地を求めて旅に出ます。各地を巡り、最後に伊勢の地へご鎮座されましたが、大御神の杖代わりとなる「御杖代《みつえしろ》」として仕えたのが、第11代垂仁天皇の皇女である倭姫命です。

倭姫命は皇大神宮(内宮)の創建、神宮所属の宮社や神嘗祭など年中の祭りを定め、神田や御料を奉る神領を選定するなど、神宮の祭祀と経営の基盤を確立しました。そして、倭姫命の御徳を敬い、大正12年に創建されたのが倭姫宮です。

ご鎮座する倉田山周辺は「倭姫文化の森」と呼ばれ、神宮徴古館などの神宮文化施設が点在しています。

辰宮さんオススメ　倭姫宮の魅力

神宮125社の中でもっとも新しいお宮。ご祭神の倭姫命は、天照大御神をこの伊勢の地にお連れした神様です。参拝して気が通じれば「向かうべきところに向かわせてくださる」という神気を授かるはずです。

倭姫宮の主に東側には、皇学館大学や県立伊勢高校、また、徴古館や美術館が立ち並ぶ神都・伊勢の文化教育圏とも言えます。五行説で東は、次代の場とされますから、倭姫命はこの日本の次代を担う人材を育てるというお役目もお持ちなのかもしれません。是非参拝し、世に役立つ人材にしていただきましょう。

住所……伊勢市楠部町5

外宮の別宮

月夜見宮《つきよみのみや》

月夜見宮《つきよみのみや》

ご祭神　月夜見尊《つきよみのみこと》

ご祭神　月夜見尊荒御魂《つきよみのみことのあらみたま》

1. 新緑が美しい月夜見宮。2. 月夜見宮の6月の月次祭「大御饌」。3. 樹齢数百年の大楠のご神木。多くの樹木がある宮域。

外宮の北御門口から徒歩5分ほどにある別宮。自然豊かな宮域は、市街地にあるとは思えない清々しさです。

ご祭神は天照大御神の弟神である月読尊と同じ月の神様で、夜の国を治める月夜見尊《つきよみのみこと》。月夜見尊荒御魂とともに一つのご社殿にお祀りされています。

ご社殿の右手後方には、外宮摂社の高河原《たかがわら》神社があり、ご祭神は月夜見尊御魂《つきよみのみことのみたま》。古くからこの辺りの守護神として信仰されています。

外宮の北御門から月夜見宮まで至る道は「神路《かみじ》通り」といいますが、道の真ん中は歩かず、穢れがある者は畏れ慎み、通ることを避けたと伝えられ、今でもそれを守る人たちがいます。

辰宮さんオススメ 月夜見宮の魅力

個人的な印象としては、月夜見さんは生活を調えてくださるように思えます。衣食住の神ともいわれる外宮さんの別宮だからということでもないのでしょうが、お参りすると、仕事や人間関係、あと家計などもキチッとしてくる印象です。

参拝したら、摂社の高河原神社と、お宮の横の大楠にもご挨拶いたしましょう。大楠はご神木の優雅さとともに、温かく且つ心を鍛えてくれるような気を授けてくれるかも知れません。

桜の頃、境内のヤマザクラが可憐ですよ。

住所……伊勢市宮後1-3-19

はじめての125社めぐり

神宮は両正宮をはじめ、125の神社の総称です。
人気が高まる14の別宮のほか、摂社、末社、所管社も
伊勢市内周辺に点在し、地元の人々に親しまれています。
式年遷宮をはじめ、一年でいちばん重要なお祭り、
神嘗祭も両正宮に次いで、すべての摂末社、所管社で順次行われます。
神宮の驚くべきスケールの大きさや全体像、お祭りとの関係など、
より深く知るためにも、125社めぐりは素晴らしい体験になるでしょう。

さらに、その先の新しい世界へ

神宮は両正宮を中心にした125社の総称です。14の別宮はメディアでもよく紹介されますが、両正宮域外の摂社、末社、所管社となると、全国的にはあまり知られておらず、地元の人々に親しまれている神社が多いようです。

お社の大部分は、住宅地や田園風景が広がる中の、鎮守の森にあります。また、海岸近くや、登山をしないと参拝できない秘境にある神社もあり、それぞれ個性に富んだ神社が多いのも特徴です。

通常、「125社参り」といい、たびたびツアーが組まれていますが、個人で気軽に参拝しにくい神社もあるため、なかなかハードルが高いのも事実。

なぜなら、摂末社、所管社の多くは分かりにくい場所にあったり、道が狭い場所で車が通れなかったり、そもそも駐車場がないところがほとんどだからです。

そのため、昔の人々がそうしたように、〝歩いて〟参拝するのが基本となります。昔のお伊勢参りに思いを馳せながら歩くと、新しい風景が見えてくるでしょう。

本書では125社入門編として、全国から訪れる参拝者が、なるべく行きやすい神社だけを独自にピックアップしました。このコース通りに行ってもいいですし、参拝したい神社だけ行くのでも構いません。徒歩で行くコース、レンタサイクルで行くコースを中心に掲載しましたが、タクシーなどを使って気になる神社だけに行くのもおすすめです。

さて、125社めぐりの最大の魅力は、「これも神宮なんだ！」と、神宮の奥深さを知ることができること。たとえば、地元の人が参道を掃き清めていたり、熱心に参拝している姿を見たり。

古来続いてきた神宮と崇敬のカタチ、日本文化の美しさ、2000年以上続く神宮の魅力を、肌で感じることができるかもしれません。

さあ、125社巡礼の旅へ出かけましょう。その先には新しい神宮参拝の世界が広がっています。

※人の少ない場所に行くときや、深い森の中や山歩きが伴う場合は、
女性1人での参拝は控えるなど、十分に気をつけてください。

伊勢の街にある外宮の摂末社へ

1

1　草奈伎神社《くさなぎじんじゃ》
伊勢市常磐1−1142
豊受大神宮第一の摂社。ご祭神は御剣仗神《みしるしのつるぎのかみ》と言われています。外宮の祭祀を司っていた度会氏の祖神である大若子命《おおわくごのみこと》が、天皇より賜った剣を奉斎《ほうさい》されたと伝わります。皇大神宮の朝熊神社と同じく、神宮のお祭りでは必ず神職が参向して奉仕されます。宮域内には大間《おおま》国生《くなり》神社があります。

伊勢の街にある外宮の摂末社へ

外宮をお参りしたら、そのまま外宮前の観光案内所でレンタサイクルを借り、少し遠くの摂末社へ参拝してみましょう。伊勢の街並みを自転車で走り抜ければ、まさに地元住民の感覚です。

まずは、別宮の月夜見宮。さらに宮域内の摂社、高河《たかが》原神社《わらじんじゃ》にも参拝します。

次に向かうのが清野井庭《きよのいば》神社《じんじゃ》。住宅街の中にこんもりと樹木が密集した場所、鎮守《ちんじゅ》の森が現れて驚きます両正宮をはじめ125社が残ることで、森を守っていることも実感できます。

そして、外宮第一の摂社の草奈伎神社《くさなぎじんじゃ》へ。同じ宮域内に大間国生神社《おおまくなりじんじゃ》があります。そこから自転車で5分くらいの場所に志等美神社《しとみじんじゃ》や打懸神社《うちかけじんじゃ》もあります。すべて車道なので、車には十分に気をつけてください。

なお、草奈伎神社、大間国生神社、清野井庭神社はJR参宮線の山田上口駅から近く、徒歩5分圏内なので、電車でも行けます。

月夜見宮（外宮別宮）
高河原神社（外宮摂社）

↓

清野井庭神社（外宮摂社）

↓

草奈伎神社（外宮摂社）
大間国生神社（外宮摂社）

↓

志等美神社（外宮摂社）
大河内神社（外宮摂社）
打懸神社（外宮末社）

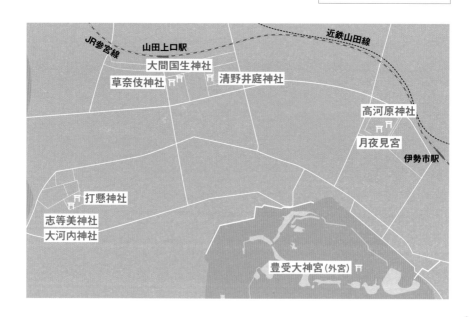

2

3

4

5

2　清野井庭神社《きよのいばじんじゃ》

伊勢市常磐1－1197

ご祭神は草野姫命《かやぬひめのみこと》。昔、このあたりは清野という原野で、灌漑用水の井庭（堰）の神様を祀ったのが始まりです。

3　大間国生神社《おおまくなりじんじゃ》

伊勢市常磐1－1142

御垣内に二つの社殿があり、向かって右が大間社で左が国生社と言われ、ご祭神は大間社に大若子命《おおわくごのみこと》、国生社は乙若子命《おとわくごのみこと》の二柱と伝わります。神武天皇の御代に伊勢を平定し、伊勢国造となった天日別命の子孫です。無病息災を祈る風習があります。

4　打懸神社《うちかけじんじゃ》

伊勢市辻久留1－172－2

志等美神社の宮域に祀られる打懸神社。宮川堤防の守護神、打懸名神《うちかけみょうじん》がご祭神と言われ、五穀豊穣の神様とも考えられています。

5　志等美神社《しとみじんじゃ》、大河内神社《おおこうちじんじゃ》

伊勢市辻久留1－172－2

ご祭神は宮川堤防の守護神、久久能智神《くくのちのかみ》と考えられ、御垣内には向かって右に大河内《おおこうち》神社があり、大山祇神《おおやまづみのかみ》を祀ると伝わります。

まるで川の中に浮かぶような、美しい姿の鏡宮神社。

朝熊山麓の4社めぐりに

小高い丘の上に祀られた、朝熊神社《あさくまじんじゃ》からスタート。森に囲まれた厳かな雰囲気が印象的です。皇大神宮の第一摂社であり、お祭りは別宮に準じて行われます。隣にご鎮座する、皇大神宮摂社第二位の朝熊御前神社《あさくまみまえじんじゃ》も参拝しましょう。

次に向かうのは、そこから小さな橋を渡ってすぐの鏡宮神社《かがみのみやじんじゃ》。五十鈴川と朝熊川に挟まれた三角州という珍しい地形にある神社です。川の中に浮かぶような場所で、開放感があります。

そして、125社の中では一番小さいと言われる加努弥神社《かぬみじんじゃ》へ。農道に面し、田んぼの中にあるロケーションは風情があります。

体力に自信がある方は、暖かい季節にレンタサイクルを借りるのもいいでしょう。伊勢市駅から鏡宮神社へは自転車だと40〜50分くらいです。途中、倭姫宮や、神宮徴古館、神宮美術館などにも寄れます。くれぐれも車にはご注意ください。

朝熊神社（内宮摂社）
朝熊御前神社（内宮摂社）

↓

鏡宮神社（内宮末社）

↓

加努弥神社（内宮末社）

1

3

2

1　鏡宮神社《かがみのみやじんじゃ》

伊勢市朝熊町字西沖２２６６

五十鈴川と朝熊川の合流点の三角州にある神社。ご祭神は岩上二面神鏡霊《いわのうえのふたつのみかがみのみたま》と考えられています。朝熊神社の御前神《みまえのかみ》であり、御鏡がご神体になっています。昔は域内の東北の方角に大きな岩があり、その岩の上に二面の神鏡が祀られていたそうです。

2　朝熊神社《あさくまじんじゃ》と朝熊御前神社《あさくまみまえじんじゃ》

伊勢市朝熊町字櫻木２５６６－１

皇大神宮第一の摂社、朝熊神社。五大祭（神嘗祭・月次祭・祈年祭・新嘗祭）には神職が参向して奉仕されます。ご祭神は大歳神《おおとしのかみ》、苔虫神《こけむしのかみ》、朝熊水神《あさくまみずのかみ》の三神と言われ、いずれも朝熊平野の田園の守り神で、五穀豊穣の神様、水の神様です。向かって右が朝熊神社、左が朝熊御前神社で、先に朝熊神社を参拝します。朝熊御前神社のご祭神は朝熊御前神《あさくまみまえのかみ》と伝わります。

3　加努弥神社《かぬみじんじゃ》

伊勢市鹿海町字大野間１１００－２

ご祭神は五穀の守り神で、大歳神の御子神である、稲依比女命《いなよりひめのみこと》と言われています。社殿はなく、石畳に祀られています。

天高く杉の樹々が立ち並ぶ、園相神社の参道。

⛩ 宮川を上流へ遡る

垂仁天皇の御代、天照大御神の御神慮にかなう大宮地を探し、ご巡行《じゅんこう》の旅に出発された倭姫命。そして、大御神が一時奉斎されていた瀧原宮から山を越えて宮川にご巡行され、宮川沿いに現在の大宮地に向かわれたのですが、倭姫命はその途中で土地の神々に迎え入れられ、それぞれの神社をお定めになります（決められます）。

その倭姫命の巡行ルートを逆から辿り、宮川沿いを上流へ遡《さかのぼ》ってみましょう。

伊勢市の中心から宮川を上流に向かい、広葉樹が混ざった森が濃くなってくると、川原神社です。のどかな田園風景が広がり、森には多くの野鳥の声がします。

次に向かうのが園相神社《そないじんじゃ》。厳かな雰囲気の参道がとても印象的です。そして、7キロほど宮川を遡りますと、久具都比売神社《くぐつひめじんじゃ》です。宮川に接し、平成6年に橋ができるまでは渡し船で参拝していたそうです。

川原神社（内宮摂社）
↓
園相神社（内宮摂社）
↓
久具都比売神社（内宮摂社）

1

3

2

1　川原神社《かわらじんじゃ》
伊勢市佐八町字泉水1559
地名の佐八《そうち》は沢地という意味で、昔は宮川の川原で沢地にあったことが分かります。ご祭神は月読尊御魂《つきよみのみことのみたま》と考えられています。月は水の満ち干に関係あるところから、川の神、水の神としても信仰されていますが、川原神社では宮川の守護神と伝わっています。倭姫命が伊勢にご巡行の際、ここから宮川を船で下ったそうです。

2　園相神社《そないじんじゃ》
伊勢市津村町字白木723
ご祭神は曽奈比比古命《そなひひこのみこと》と御前神《みまえのかみ》と考えられています。倭姫命へ耕作地としての御園《みその》を奉ったことから、お喜びになった倭姫命により定められました。神宮御園（神饌をつくる園）の守護神として信仰され、地元では「白木さん」と呼ばれています。

3　久具都比売神社《くぐつひめじんじゃ》
度会郡度会町上久具字久具都裏211
ご祭神は久具都比女命《くぐつひめのみこと》、久具都比古命《くぐつひこのみこと》、御前神《みまえのかみ》の三神と考えられています。土地の守り神であり、この地の灌漑をする水の神であり、五穀の神とも信仰されています。

内宮から歩いて行けるコース

意外と知られていないのですが、内宮の近くにも摂末社、所管社はあります。
じつは宇治橋から宮域外へ出て、正面に見える森には、多くの神々がご鎮座されています。

宇治橋からは見えにくいですが、内宮A1、A2駐車場の奥にはすぐ入口があり、最初に饗土橋姫神社《あえどはしひめじんじゃ》が見えてきます。
そして、両側が高台になっている右側へ進むと津長神社《つながじんじゃ》、左側に進むと大水神社に参拝することができます。同座（一緒に祀られている）の神社を含めると、宇治橋から近い場所で7社の神社にお参りすることができるのです。

内宮域内
→ 饗土橋姫神社（内宮所管社）
→ 津長神社（内宮摂社）
新川神社（内宮末社）
石井神社（内宮末社）
→ 大水神社（内宮摂社）
川相神社（内宮末社）
熊淵神社（内宮末社）

1 饗土橋姫神社《あえどはしひめじんじゃ》
伊勢市宇治今在家町
ご祭神は宇治橋を守護する神様で、宇治橋《うじばしの》鎮守神《まもりのかみ》と言われています。饗土《あえど》とは、内宮の宮域四方の境に悪しきものが入らないように、防ぎお祭りするところのことです。式年遷宮に先立って新しい宇治橋を架け替えた後、この神社で祭典が行われ、宇治橋を渡り始める「宇治橋渡始式《うじばしわたりはじめしき》」が行われます。

2 津長神社《つながじんじゃ》、新川神社《にいかわじんじゃ》、石井神社《いわいじんじゃ》
伊勢市宇治今在家町字柏崎153－1
ご祭神は栖長比売命《すながひめのみこと》と伝わります。倭姫命が伊勢へご巡行の際、水の神様であるこの神社を定められたそうです。御垣内には川の神様と伝わる新川神社、石清水の守り神と伝わる石井神社が同座されています。

3 大水神社《おおみずじんじゃ》、川相神社《かわあいじんじゃ》、熊淵神社《くまぶちじんじゃ》
伊勢市宇治今在家町字林崎163－1
ご祭神は五十鈴川辺りの山の神様である大山祇之御祖命《おおやまつみのみおやのみこと》と考えられ、御垣内には川の神様と伝わる川相神社、石清水の守り神と伝わる熊淵神社が同座されています。いずれの神社も倭姫命が伊勢へご巡行の際に定められたそうです。

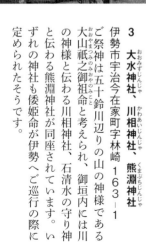

神宮のお祭りに深く関係する所管社

機殿神社《はたどのじんじゃ》と神御衣祭《かんみそさい》

1. 神服織機殿（かんはとりはたどの）神社で行われた神御衣奉織鎮謝祭の様子。2. 織子によって「和妙（にぎたえ）」が織られていく。3. 糸車を回し、絹糸をまとめる。

毎年5月14日、10月14日に皇大神宮と荒祭宮で行われる神御衣祭《かんみそさい》。天照大御神に、「和妙《にぎたえ》」という絹布と、「荒妙《あらたえ》」という麻布を、御糸や御針などと一緒にお供えするお祭りです。

この和妙と荒妙という神様の衣を奉織《ほうしょく》する神社が、皇大神宮（内宮）の所管社である神服織機殿神社《かんはとりはたどののじんじゃ》と神麻続機殿神社《かんおみはたどののじんじゃ》です。

神御衣祭に先立ち、5月と10月の1日に二つの機殿神社にて、神御衣奉織始祭《かんみそほうしょくはじめさい》が執り行われます。和妙と荒妙が清く美しく織り上がるようにお祈りが捧げられた後、それぞれの八尋殿《やひろどの》で、地元有志の人々の奉仕で織り始めます。

神服織機殿神社では女性の織子によって「和妙」が、神麻続機殿神社では男性の織子によって「荒妙」が織られ、神宮の神職が見守る中、2週間かけて奉織されます。

そして、神様の衣が無事織り上がると、神御衣祭の前日に無事奉織できたことを感謝するお祭り神御衣奉織鎮謝祭《かんみそほうしょくちんしゃさい》が行われます。そして、和妙と荒妙は辛櫃《からひつ》に納められ、内宮に護送して神御衣祭にお供えされるのです。

このように、両正宮の所管社には、神宮のお祭りにお供えする御料などに深く関わっている神社もあります。

125社めぐりに便利なレンタサイクル

伊勢市観光協会では市内3カ所でレンタサイクルを貸し出しています。
シティサイクル　4時間まで800円、4時間以上1000円。
（電動アシスト自転車、E-BIKEに関しては要問い合わせ）
・外宮前観光サービスセンター／8:30-16:30／☎0596-23-3323
・伊勢市駅手荷物預かり所／9:00-17:00／☎0596-65-6861
・伊勢夫婦岩めおと横丁／9:00-17:00／☎0596-43-4111

もっと神宮のことが知りたい！

せんぐう館

平成25年、第62回式年遷宮を記念して開館。式年遷宮をはじめ、神宮のことに関して分かりやすく学べます。外宮参拝の前後にぜひとも立ち寄りたい場所です。

1

3

2

1　渡御御列《とぎょぎょれつ》の模型

式年遷宮の中心となる祭儀であり、大御神に新宮にお遷りいただく「遷御（せんぎょ）」の様子を細部まで忠実に再現した模型。6分の1の大きさで、祭儀の様子がリアルに伝わってきます。

2　外宮正殿原寸大模型と外宮殿舎配置模型

外宮正殿の東側の側面を再現した、大きな外宮正殿原寸模型。社殿の造営に関わった宮大工が、実物と同じ素材を使って造った神明造の建物は、その崇高な輝きに驚かされます。また、その前には縮尺20分の1の大きさの、外宮殿舎配置模型が置かれています。四重の御垣に囲まれたご正殿ほか、外宮のご正宮の殿舎の配置がよく分かるように展示されています。

3　外宮ご正殿の御扉《みとびら》

入口受付近くにある木製の扉は、昭和28年から20年間、実際にご正殿の御扉だったものを展示。長い間、人の目に触れることがなかった神聖な御扉を、実際に目にすることができます。樹齢400年を超えるヒノキの一枚板からつくられた、本物の存在感に圧倒されます。

伊勢市豊川町前野126-1
（外宮勾玉池畔）
☎　0596-22-6263
入館　9:00–16:00
（観覧は16:30まで）
休館　第2、第4火曜日
（祝日の場合はその翌日）
入館料
一般 大人300円、
中学生以下100円

外宮の火除橋を渡ると、手水舎の背後には美しい勾《まが》玉池《たまいけ》があり、初夏には花菖蒲が鮮やかに咲き揃います。その勾玉池の畔にあるのが「せんぐう館」です。

20年に一度、隣接する御敷地に社殿を新しく建て、神様にお遷りいただく式年遷宮に関する資料館で、第62回式年遷宮を記念して開館しました。

式年遷宮に関連するお祭りのことや、社殿の造営、御装束神宝の製作工程などを分かりやすく丁寧に展示。スケールの大きい式年遷宮の全体像を深く知ることができます。また、外宮のご正殿を原寸大で再現した模型など見どころもたっぷり（団体の方は公式ホームページをご覧ください）。

倉田山・倭姫文化の森

倭姫宮がご鎮座する倉田山の「倭姫文化の森」。
自然豊かな癒しの森であるとともに、
神宮徴古館、神宮農業館、神宮美術館などの
神宮文化施設があり、神宮のことを
もっと深く学ぶことができます。

神宮司庁提供

神宮徴古《ちょうこ》館

伊勢神宮の歴史と文化の総合博物館です。明治30年代に財団法人「神苑(しんえん)会」により企画され、有栖川宮熾仁親王を総裁に全国有志の協賛を得て建設が進められ、明治42年に完成。明治44年に神宮に奉納されました。昭和20年に戦争で被災しましたが、昭和28年に修復されています。また、平成27年には耐震化工事を行い、展示室を新しくしました。館内には国の重要文化財11点を含む、歴史資料や美術工芸品などを収蔵・展示しています。注目すべきは式年遷宮で神々に捧げられた御装束神宝。なかなか目にする機会がない宝物類を公開しています。

神宮司庁提供

神宮農業館

人間と自然の産物とのつながりをテーマにした日本で最初の産業博物館。明治時代の産業資料や自給自足の伝統を守る神宮神田、神宮御園、御塩殿、干鯛やアワビの調製所などの神饌関連資料も展示しています。明治24年、神苑会が外宮前に創設したものを明治38年に倉田山に移転。当初は神宮美術館の場所にありましたが、平成8年に現在の場所に復元・再開しました。平成10年には徴古館とともに国の登録有形文化財になりました。

神宮司庁提供

神宮美術館

平成5年の第61回式年遷宮を記念して創設されました。式年遷宮に際してその時代を代表する美術・工芸家から神宮に奉納された絵画や書、彫塑、工芸を収蔵・展示しています。現代の名匠たちの美術作品を通して、神々を敬う人の心をうかがい知ることができます。静かな館内からは庭園が見渡せ、とても心が安らぐ空間です。

伊勢市神田久志本町
1754-1

神宮徴古館 農業館
☎ 0596-22-1700
神宮美術館
☎ 0596-22-5533
入館 9:00–16:00
(観覧は16:30まで)
休館 木曜日
(祝日の場合はその翌日)
12/29–31、臨時休館あり
観覧料
神宮徴古館 農業館
大人500円、中学生以下100円
神宮美術館
大人500円、中学生以下100円
共通
大人700円、中学生以下200円

神宮のココが好き！
神宮を愛して
やまない人の視点

神宮と私

いつも心に神宮がある、神宮を愛してやまない人たちが感じること。何度も通ったからこそ見えてきた神宮の姿。伊勢に住む女性たち、神宮のことを伝えるクリエイターの方々を中心に、神宮をよく知る人々ならではの、神宮の魅力や好きな場所をお聞きしました。

けらえいこさん／漫画家

心の時刻合わせをしてくれる場所

伊勢神宮へ初めて参拝したのは平成5年、第61回神宮式年遷宮の時。神宮に詳しい方と一緒に早朝参拝をさせていただきました。空気の澄んだ2月、夜明け前の薄暗い参道を歩いていると、樹々の間からたくさんの星が見えて、それはきれいでした。当時は人も少なく、誰もいない長い参道の先にピカピカのご正宮があって、どこを見てもとにかく驚きました。

なにより、神宮は森がすごい！　旅行でいろいろな森を歩きますけど、神宮の森は自分の中では一番清らかな森です。人の手でしっかり管理されているのに、自然が濃くて、とくに雨の降った次の日、晴れるとすごくいい香りがするんです。それをくんくん嗅ぎながら参道を歩くとどんどん「これでいいのだ」という気持ちになっていきます。

あと、私にとっての神宮は、心の時刻合わせをしてくれるような場所です。都会で仕事に追われ、どんどん狂っていた時計が、神宮に来ることで正される。

川がきれいで、水がきれいで、森が美しい。そんな素朴なことに感動できる自分に戻れる。時計の時刻がピタッと合うように、本来の自分にしてくれる〝電波時計〟のような場所、それが神宮なんです。

けらえいこ
東京都出身、漫画家。1991年『セキララ結婚生活』（メディアファクトリー）がベストセラーに。1994〜2012年読売新聞日曜版で『あたしンち』を連載。2002年アニメ『あたしンち』がテレビ朝日系でスタート。2003年に映画化。第42回文春漫画賞受賞。東京在住だが、神宮には50回以上参拝に訪れている。

けらさんのよく行くお宮

2月立春前後の内宮が好きです。とくに風日祈宮は晴れの日も雨の日も美しく、風日祈宮橋は授与所側から見ても、お宮の側から見ても素敵。以前、内宮で雪が降った日に、参道の真ん中に小鹿が立っていたことがあって、キョトンとしてこちらを見ていました。それがあまりにもかわいくて印象的でした。

伊勢に訪れたときに行く食事処

「岡田屋」…おはらい町にあるうどん屋さん。伊勢に来たときには必ず食べる。玉子入り伊勢うどんがおすすめ。

風日祈宮橋から五十鈴川支流の島路川を眺める。

そして、参道を歩いていると、自然と抱負のようなものが心に浮かんできます。東京に帰ったらこうしようとか。たとえば、「今年は考えすぎないで実践しよう」みたいなことです。神宮におみくじはないですが、私にとっては参道を歩いて思い浮かべることが、自分に対してのメッセージのような、おみくじのような感じなのです。

神宮に来られたら、御神楽《おかぐら》を上げることをおすすめします。私は初めて御神楽を奉納したとき、雅楽と舞の美しさに衝撃を受けました。楽師が奏でる雅な音と、舞女の磨き上げられた所作。一糸乱れぬ動きすべてが完璧で美しかった。

それまで私は神様へ奉納するお祭りは静かなものだと勝手に思っていたのですが、大きな笛の音と太鼓と歌、躍動する舞にビックリしました。そして、神楽殿の祭壇の何もなさにも感動しました。素木の台があるだけなんです。それ以来、神宮には何度も訪れていますが、来るたびに改めて驚かされることばかりです。

式年遷宮という大きな輪の中の一つとして

1300年続いてきた神宮式年遷宮。その道のりは順風満帆なときだけでなく、むしろ大きな危機がありました。

室町時代後期に世の中が乱れ、120年あまりの間、中断したのです。これを救ったのが慶光院と呼ばれる尼僧たち。そして、彼女たちの勧進に共感して造営費を寄進した織田信長や豊臣秀吉、それを引き継いだ武将たちです。

私が注目しているのは、彼らの活動もそうですが、当時の神宮神職の方々の思いです。100年以上も式年遷宮が途絶えるということは、諦めてもいいのかなという期間じゃないですか。でも、神職の方々は諦めなかった。造営資金のない中で、仮遷宮をしながら必死の思いで伝統をつないできた。だからこそ、現在の式年遷宮につながっているのです。

ただならぬ、100年以上という期間。一生、本来の式年遷宮を見たことがない神職もいたのでしょう。私たちの短い人生の中でさえ、いいときも悪いときもある。自分の力ではどうにもできないときもある。そんなときにこの話を思い出し、私も頑張らなきゃと思うのです。そして、神宮のことをみなさんにお伝えする仕事をさせていただくときも、これが大きな活力となっています。

取材等を通じて、神宮の神職の方々から学ぶことは多いです。平成25年、第62回神宮式年遷宮では式年遷宮広報本部インターネットの動画配信で司会を務めさせていただいたのですが、「カケコー」と3度唱える声を合図に、いよいよ出御《しゅつぎょ》が始まるというとき、私はリアルタイムで食い入るようにモニター画面を見ていました。しかし、その瞬間、隣にいらした神宮の元神職の方がパッとお辞儀をされたんです。神に仕えるということは、こういうことなのかと思いました。

私が初めて取材をしたのが平成4年、第61回神宮式年遷宮の立柱祭・上棟祭

千種清美さん／文筆家

千種清美（ちくさきよみ）
三重県津市出身、皇學館大学非常勤講師。伊勢神宮を紹介するテレビ番組に多数出演。平成18年より新幹線車内誌『月刊ひととき』に、神宮の紹介記事を8年間連載をするなど、神宮のことを伝えるメディアで活躍する第一人者。著書に『女神の聖地 伊勢神宮』（小学館）、『常若の聖地 伊勢神宮』（ウェッジ）、『お伊勢さん 鳥居前おかげ縁起』（講談社）など。近著に『三重 祭りの食紀行』（風媒社）がある。三重県明和町観光大使。

千種さんのよく行くお宮

外宮・内宮以外に好きなのは、別宮の月読宮、瀧原宮、伊雑宮。とくに月読宮は佇まいが素敵ですし、内宮から近いのでおすすめです。

知人が来たときに連れていく食事処

「大喜」…宮内庁・神宮司庁御用達の割烹。宇治山田駅前と立地も良く、ランチならリーズナブルにいただけるので重宝です。ちらし寿司など。
「野杏」…中華料理なのに優しい味わい。昼は月夜見宮の森が見えます。大人気なので予約必須。

第62回神宮式年遷宮の内宮・遷御の儀。

のときでした。その頃は、神宮のことをあまり知らず、20年後に神宮の本を書いたり、特別番組の脚本を書くとは夢にも思いませんでした。20年は短いという人もいますが、私にとっては内容の濃い、長い時間に思えます。

出版社の人に言われてハッとしたのが、「千種さんにとっての伊勢神宮は暮らしの中にあるんだよね」という言葉。この仕事のおかげで神宮のことが暮らしの一部になっているのです。

神宮とは離れた場所で全然違うことをしていても、いつも心の中に神宮がある。今日は祈年祭だな、神嘗祭だなとお祭りを意識してしまう。

次の式年遷宮にどんな役割で関わっているのか分からないですが、神宮についてもっと書きたいし、話したいし、まだお伝えしきれていないことがたくさんあります。式年遷宮という大きな輪の中の、その一つとして、引き続きご奉仕をさせていただきたいと思っています。

坂さんのよく行くお宮

外宮、内宮もよく参拝しますが、別宮なら瀧原宮。参道に突き出た巨木や、清流が流れる御手洗場に下りていく雰囲気が好きで、神様と人の距離が近く感じられる場所です。

知人が来たときに連れていく食事処

「ボン・ヴィヴァン」「ココット山下」「ミルポワ」…地域の食材の生産者をリスペクトしている、おいしいレストラン。この3つのお店にローテーションで連れて行きます。

子どもの頃に外宮前へ引っ越してから、神宮は放課後の遊び場でした。高校生のときは勾玉池《まがたまいけ》でデートしたり、結婚して子どもができてからは保育園の帰りに寄っていました。神宮は生活の一部で、地元の氏神様的存在だったのです。

そんな私が神宮の取材にどっぷり関わったのが平成5年、第61回神宮式年遷宮のとき。お祭りに奉仕する伊勢人たちの気持ちに触れ、私が考えていた以上に、人々が神宮を愛していることを知りました。

その人たちの懐の深さや情熱を知ることで、神宮がどれだけ人々にとって特別な存在なのかが分かったのです。

第62回神宮式年遷宮のときは、神宮広報の方がお祭りや行事について、丁寧に分かりやすく伝えてくださったため、神宮のお祭りの意義が分かってきました。

そして、昔の日本の暮らしをそのまま伝えている遷宮の制度と、それにより気持ちのいい神域が整えられている神宮の素晴らしさを知ることができました。

外宮に参拝するとき、いつも古殿地に目がいきます。その覆屋《おおいや》を見ていると、ここに未来の希望があるように思えるのです。

20年という約束の時間を受け継ぐ式年遷宮。必ず来る20年後を想像し、未来の自分は何をしているんだろうと考えられる安心感がここにはあります。

また、外宮の忌火屋殿《いみびやでん》からモクモク煙が出ている景色も、心がホッとする瞬間です。今日も変わらず、日常が営まれているありがたさを感じられる場所、それが神宮だと思います。

坂美幸さん
／『NAGI』編集長

坂 美幸（さかみゆき）
三重県伊勢市出身、季刊誌『NAGI』編集長。地元の出版社、伊勢文化舎を経て月兎舎へ。『NAGI』創刊号から23年間、編集ひとすじ。御白石持行事取材をきっかけに、奉献団にいた夫と結婚。一男一女をもうけ、家事と編集業務を両立している。

北原さんのよく行くお宮
内宮の荒祭宮は、私にとって目標を宣言する大切な場所。祈るとすごく熱くなってきます。

伊勢で人力車の仕事を始めたのは、式年遷宮の年。御白石持行事に参加し、伊勢の人の熱意に驚きました。

神宮の前で、このお仕事をさせていただいていることに喜びを感じています。お客様が遠方から会いに来てくれたり、お手紙や地元の特産品を送ってくださる方との出会いもあり、毎日わくわくしています。これも神宮のおかげだと思います。

じつは内宮の参集殿（伊勢神宮崇敬会の記念品授与所）で、宇治橋のポストカードがあり、昇る太陽の下にハートマークが出ているんです。これを20年ぶりに再会した友人に渡したら、お付き合いが始まり…。伊勢に来てからミラクルが続いています。

北原美希さん

／人力車俥夫

北原美希（きたはらみき）
和歌山県和歌山市出身。2013年友人に誘われ人力車の道へ。2016年7月に伊勢に移住。

東世古さんのよく行くお宮
いつも最初に訪れる饗土橋姫神社。橋の安全を願って神様を祀る、心のこもった神宮が好き。

仕事で行き詰まったり、逆に気分が晴れたときなど、お参りに出かける状況は違いますが、いつも最初に訪れるのは饗土橋姫神社《あえどはしひめじんじゃ》です。

参拝を終えて振り返ると、正面に宇治橋が。冬至の頃、宇治橋の大鳥居から昇る太陽もまずこの神社を照らします。橋の安全を願って神様を祀るということ自体が、心がこもっていて嬉しいですし、そんな神宮が好きです。

外宮・勾玉池で奉納する「伊勢薪能《たきぎのう》」に仕事で関わり、その歴史や芸術としての素晴らしさに魅せられ、メンバーに入れていただきました。演じるのは体力勝負で大変ですが、身近に伝統芸能に触れる機会が多いのも神宮のおかげです。

東世古京子さん

／商業デザイナー

東世古京子（ひがしぜこきょうこ）
三重県度会町出身。「伊勢やまだ大学」のマップづくりなど、地域に関わる業務を多く手がける。

吉川さんのよく行くお宮

外宮の風宮。神様が高貴な印象だからか、お社の前にはいつも心地よい、さわやかな風が吹いているような気がします。

知人が来たときに連れていく食事処

「ボン・ヴィヴァン」…大正ロマンの建物が素敵な外宮近くのフレンチ。地元素材で丁寧な料理、それに合うワインを選んでくれます。

「大ふじ」…伊勢では知る人ぞ知る割烹居酒屋。目利きの大将が選んだ旬の魚介は間違いなし。

吉川真知子さん

／『外宮にぎわい会議』副会長

生まれ育ったのは伊勢の町。遷宮行事は御木曳《おきひき》行事や御白石持《おしらいしもち》行事に参加しました。私にとって外宮さんはとても身近な存在で、神宮の杜で遊んで学び、デートもしました。安産祈願など節目のお参りも欠かさず行ったものです。

しかし、内宮周辺に比べると外宮の周りが閑散としていた時期があり、20年ほど前、外宮周辺の町づくりに取り組む市民団体「外宮にぎわい会議」を立ち上げ、まずは毎月の朔日《ついたち》参り、そしてマップもつくりました。

次に取り組んだのが「八朔《はっさく》参宮」です。伊勢ではかつて旧暦の8月1日に神宮に参拝し、五穀豊穣や無病息災を祈るという習わしがありました。この風習を受け継いでいこうと、毎年8月1日に夜の外宮さんにお参りする「外宮さんゆかたで千人お参り」を始めました。

「夜にゆかたで外宮を参拝したい」という無鉄砲なお願いでしたが、神宮さんが聞き届けてくださり、平成29年に20周年、今では3千人を超える参拝となりました。

伊勢の人は昔から「させていただきます」という言葉を使います。これは伊勢の人に、神を敬う日本人としての誇りが根付いている証拠だと思います。

大勢の人たちにそんな伊勢の心を感じてもらいたい。そして、これからも新しい世代に引き継いでいってほしいと願っています。

吉川真知子（よしかわまちこ）
三重県伊勢市出身。外宮前の町づくりを推進する市民団体「外宮にぎわい会議」副会長。「外宮さんゆかたで千人お参り」の第1回実行委員長。その一環として取り組む「御塩道を歩く」では、二見の海水を汲んでつくった焼き塩を毎年外宮へ運んでいる。

神宮の125社一覧

皇大神宮（内宮）

豊受大神宮（外宮）

内宮の別宮（10社）

荒祭宮
風日祈宮
月読宮
月読荒御魂宮
伊佐奈岐宮
伊佐奈弥宮
瀧原宮
瀧原並宮
伊雑宮
倭姫宮

外宮の別宮（4社）

多賀宮
土宮
風宮
月夜見宮

内宮の摂社（27社）

朝熊神社
朝熊御前神社
園相神社
鴨神社
田乃家神社
田乃家御前神社
蚊野神社
蚊野御前神社
湯田神社
大土御祖神社
国津御祖神社
朽羅神社
宇治山田神社
津長神社
堅田神社
大水神社
江神社
神前神社
粟皇子神社
川原神社
久具都比売神社
奈良波良神社
棒原神社
御船神社
坂手国生神社
狭田国生神社
多岐原神社

外宮の摂社（16社）

草奈伎神社
大間国生神社
度会国御神社
度会大国玉比売神社
田上大水神社
田上大水御前神社
志等美神社
大河内神社
清野井庭神社
高河原神社
河原神社
河原淵神社
山末神社
宇須乃野神社
御食神社
小俣神社

内宮の末社（16社）

鴨下神社
津布良神社
葭原神社
小社神社
許母利神社
新川神社
石井神社
宇治乃奴鬼神社
加努弥神社
川相神社
熊淵神社
荒前神社
那自売神社
葦立弖神社
牟弥乃神社
鏡宮神社

外宮の末社（8社）

伊我理神社
県神社
井中神社
打懸神社
赤崎神社
毛理神社
大津神社
志宝屋神社

内宮の所管社（30社）

瀧祭神
興玉神
宮比神
屋乃波比伎神
御酒殿
御稲御倉
由貴御倉
四至神
神服織機殿神社
神服織機殿神社末社八所
神麻続機殿神社
神麻続機殿神社末社八所
御塩殿神社
饗土橋姫神社
大山祇神社
子安神社

外宮の所管社（4社）

御酒殿
四至神
上御井神社
下御井神社

瀧原宮の所管社（3社）

若宮神社
長由介神社
川島神社

伊雑宮の所管社（5社）

佐美長神社
佐美長御前神社四社

第4章

大人の伊勢散歩

おしゃれな雑貨&カフェでなごむ

伊勢の魅力はおはらい町やおかげ横丁、
外宮参道だけでなく、
ハイセンスな地元の女性たちが通う、
知る人ぞ知る名店がたくさんあること。
とくにここ数年、雑貨店やカフェが増え、
新しい伊勢の町をつくり始めています。
今まで全国向けのガイドブックには、
ほとんど登場しなかったレアなお店もいっぱい!
伊勢人たちが注目しているお店ばかりを紹介します。

美しいロケーションの
「MARCI」のカフェ

1

市街地から離れた美しい里山の風景の中、丘の上に現れるモダンな箱形の建物。

なだらかな山並みを見渡す場所にあるのは、建築設計の「ビーディホーム」が手がける雑貨&カフェです。「このロケーションに一目惚れしました。山の見晴らしを最大限に活かして、設計しています。リラックスしたり、読書にふけったり、みなさんに価値ある時間を過ごしてもらえたら」と、オーナーの濱口和也さん。

スタイリッシュな佇まいが穏やかな風景に馴染み、そこだけが別世界です。

トータル的なライフスタイルをサポートしたいと、雑貨コーナーにはキッチングッズやインテリアなど、セレクトされた品々が並ん

9

上質な時間を約束する
里山の空間

MARCI（マルシ）

A&Fほか

4

3

2

7

6

5

8

1. 3つの建物を、それぞれに15度ずつ角度を変えて設計。空間ごとにBGMも変化。2. 建築をはじめ、旅もの、アート系などの書籍が並ぶ本棚。読みかけの目印に専用の栞も用意されている。 3. ゆったりと開放的なカフェ。4. カフェから一段下がった「cave(カーブ)」というスペース。 5.「バスクチーズケーキ」530円。 6. 季節ごとに楽しめる窓からの景色。 7.「厚切りポークとほうれん草の薬膳カレー」1,380円。8. 住宅のリビングを想定した空間に、インテリア雑貨が並ぶ。9. 多肉植物などの緑が並ぶ。10. 雑貨コーナーは、作家性の強いものより、地域の逸品から発達した粋なデザインを揃える。11. お店のところどころにセンスが光る。

でいます。コンセプトは長く愛され、かつシンプルで美しく、暮らしを豊かにしてくれるもの。

柳宗理のカトラリーや波佐見焼などはカフェでも利用され、「使い心地を気に入ってくださり、お帰りの際にお求めいただけることもあります」と、ショップスタッフ。

カフェには一人客も多く、大きな窓から刻々と変化する風景をぼんやりと眺める贅沢な時間を過ごせます。ランチはハンバーグやパスタなど。野菜をふんだんに使った彩りのよいメニューが多く、季節毎にメニューは入れ替えています。

パフェやケーキなどスイーツも充実し、フワフワに焼き上がったフレンチトーストはイチオシです。

伊勢市前山町158-7
☎ 0596-63-6716
営 11:00-17:30(LO17:00)
休 火曜日

11

10

取り扱いブランド＿柳宗理、波佐見焼(ハサミポーセリン)、Common、神藤タオル、ROSY RINGS、

日々の暮らしになじむ洋服や日用品

blanc（ブラン）

洗練された品揃えにこだわる衣料品＆雑貨店。天然素材の洋服や手仕事でつくられたアクセサリー、暮らしの道具など。オーナーの谷島悦子さんがセレクトした、日々の暮らしになじむアイテムが並んでいます。

　商品を際立たせる、ホワイト系のインテリア。窓からは柔らかい光が入ります。「モノに溢れると丁寧に説明できないから」と、あえて厳選。自信を持って勧められるものだけを置いているのだそう。

1. 白いブラウスは絶妙な丈感でパンツスタイルが一歩上に。2. ガラスの窪みも個性として生かしたsorte glass jewelryのネックレス。3. アーチ窓がおしゃれ。4. 日用品は、店長が普段使いしているものを。

伊勢市神田久志本町1451-5
神久ビル1F
☎　0596-29-3201
営　13:00-17:00
休　月・火曜日ほか

取り扱いブランド＿R&D.M.Co、ゴーシュ、homspun、atelier d'antan、TORICI、jujudhau、R.U.ほか

大切な想い出を刻む雑貨と日用品

maple（メイプル）

宮川沿いの自然豊かな場所に突如現れる、かわいい雑貨と日用品のお店。

「店名は花言葉で〝大切な想い出〟。想い出を刻みながら、長く大切に使ってもらいたいという願いが込められています」と、話すのは店長の上村あゆみさん。

　信楽の古谷製陶所をはじめ、全国の陶芸作家の希少な作品を販売。各地を巡って見つけた作家のブローチやピアスなどもセンスよくディスプレイされています。

1. 広々とした店内。キッズルームもあって、子ども連れも歓迎してくれる。2. 伊勢の工務店が運営。自動車整備工場を、自分たちでリノベーションした建物。3. 陶芸作家のhibifukuの花器。

伊勢市佐八町1666-8
☎　0596-39-8882
営　10:00-17:00
休　水曜日

取り扱いブランド＿古谷製陶所、靴下のhacu、STUDIO M'（スタジオエム）、kintoほか

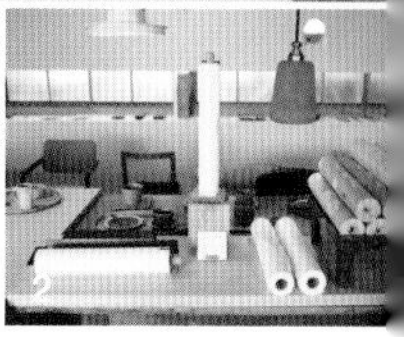

1.「やまぽた」など、暮らしのうつわが並ぶ。2. 洗うほど風合いが出る伊勢木綿の和晒ロール、2,970円。3. 小泉硝子や奥泰我などの美しいガラスのうつわ。4. 服やアクセサリーなども丁寧にセレクト。5. 古い倉庫をリノベーションした建物。6. 伊勢木綿とコラボのバッグなどもあり。

一生使える洋服や
生活工芸をセレクト

ichishina

伊勢市船江3丁目11-2
☎ 080-6904-5297
営 11:30-17:00
休 水・木曜日（祝日の場合は営業）

伊勢の市街地、にぎやかな通り沿いにあって、ここだけは別空間。「ichishina」では、一生大切に使える一品をコンセプトにした雑貨や衣類が並んでいます。

お店を入って右手は、服飾品を中心に、靴下やバッグなどの小物が。「育つ生地」を意識したセレクトは、素材のよいもの、長く着られるもの、着るほどに愛着が生まれるものばかり。

左には別棟への入り口が。奥に進むと、うつわやクロス、家具などの日用品や自然派食品などが美しくディスプレイされています。テーブルコーディネートを考えながら、ゆったりとうつわを選ぶ時間は至高のひととき。家に迎えたい逸品にきっと出会えるはずです。

オリジナルブランドの「イチシナデザインプロダクト」は、流行にとらわれず、スタンダードでシンプル。

それぞれの作家の世界観が絶妙に合わさり、心地よい空間を生み出しています。

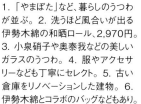

1. 雑貨スペース。人気はワランワヤンのストローバスケットなど。入荷したらすぐ売れてしまうのだそう。2. 代官山aoのマフラー。3. 店主の多賀さん。伊勢にカフェの少なかった時代から、カフェを運営する草分け的な存在。4. カフェスペースは10席ある。5. ドーナツやケーキなどスイーツ類が人気。

パンやドーナツが大人気!
伊勢の草分け的カフェ

quark+grenier
(クオーク+ グルニエ)

伊勢市上地町696-2
☎ 0596-29-1965
営 11:00-17:30
(早期閉店あり。インスタグラムで確認を)
休 木・金曜日
インスタグラム @guark.grenier

外宮から少し離れた場所にある雑貨&カフェ。店名の「クオーク」とは原子を構成する素粒子のこと。多くの人が集まって一つのお店になることを願い、名づけられました。

深煎りコーヒーと、木の香りが立ち込める店内。店主の多賀淳一さんが、注文を受けてから一杯一杯豆を挽いて淹れる、ハンドドリップコーヒーが好評です。

カフェでは、北海道産小麦・キタノカオリでつくるプレーン、伊勢抹茶、きなこをはじめとしたドーナツを毎日15種類ほど用意。テイクアウトのパンや焼き菓子などのメニューも充実しているので、お土産やギフトにおすすめです。

オープンから16年。最初はカフェのみでしたが、奥様が伊勢市駅近くで運営していた雑貨屋「グルニエ」と合体しました。雑貨スペースではYAMMAの会津木綿の服など、暮らしの道具や服飾を扱っています。

取り扱いブランド__CLASKA、YAMMA、ao、warang wayan(ワランワヤン)、mokonoほか

食べ始めると止まらない!
伝説のベーカリーカフェ

NICOPAIN

三重県多気郡多気町片野383-4
☎　0598-49-2548
営　水　12:00-16:00
　　土　12:00-17:00
（夏季休業あり、
イベント時不定期オープン）
インスタグラム　@nicopain_official

別宮・瀧原宮から車で30分。田園風景のど真ん中に、全国各地にファンを持つ伝説のベーカリーカフェがあります。開店1時間前から人が並び、オープンから1時間半ですべてのパンが売り切れるという人気ぶり。

パンはハード系が中心。季節の天然酵母を大切に起こして、外側カリカリ、中はもっちりに焼き上げます。一度、食べ始めると止まらなくなるおいしさです。

ブーランジェの植西美貴さんは昔からパンが好きで、20代で職人になるのを決意。軽井沢のレストラン、東京の有名ブランジェリーを経て、地元に戻りました。

パンへのこだわりは果てしなく、素材の多くがオーガニック。ほとんど地元の農家の小麦や米粉、生薬を使っています。思いの詰まった食材を大切に、ご飯のように毎日食べたい体が喜ぶエネルギーパンパンの「ニコパン」。足をのばして絶対に後悔しない場所です。

1. 地元の農家から直接仕入れた小麦は、無農薬なのでふすまも使用。2. ずらっとパンを並べたらいよいよ開店。3. 左がショップ、右はカフェ。4. ハード系のパンが中心。5.「クロックムッシュ」と「愛農ベーコンとポテトのオープンサンド」のランチは、季節のスープやサラダ付き。

伊勢の陶芸家を訪ねて

やまぽた

山口和声さん、山口有加さん

Kazuna Yamaguchi &Yuka Yamaguchi

伊勢木綿、伊勢根付、伊勢和紙など、
ものづくりの伝統が生きる伊勢。
その伊勢にて日々の暮らしを大切にしながら、
心の込もったうつわづくりをする、陶芸家夫婦の
活動と暮らし、ものづくりの精神に迫ります。

※『やまぽた』のうつわはP111の『ichishina』などで販売中。

陶芸作家の山口和声さん、有加さん夫婦が営む陶房『やまぽた』。現在は夫の和声さんがメインで作陶し、妻の有加さんは子育てをしながらサポートにまわっています。

二人は愛知県の窯業学校で出会い、大分県日田市の小鹿田焼《おんた》に衝撃を受けます。名も無き職人から生み出される、料理を生かす日用雑器を「美」とする民藝《みんげい》のうつわ。二人は民藝の魅力にハマっていきます。

小鹿田焼は昔ながらの自然の恵みや、人力だけで焼きものをつくる場所です。山から土を採り、川の水力で土を砕き、登り窯で薪を用いて焼く。家族や地域の絆を大切にし、一人だけ抜きん出ることなく、みんなで助け合って暮らしていました。

二人は同じく民藝の流れをくむ鳥取県岩井窯に弟子入りすることを決意。その4年後に伊勢市で独立しました。

「自分の意識や主張が入らない、どんな人にも受け入れられやすいうつわを、つくりたいのです。ふだんの生活であたりまえのように使っていただけるうつわ。一番難しいのですが、そんな〝普通〟のものをつくりたいです」と、和声さん。自分の名前が出なくても、良いものをつくれればそれでいいと言います。

現在、和声さんは全国的にも広く知られる作家ですが、その代名詞となっているのがスリップウェア。スリップウェアとは水と粘土を混ぜた化粧土を、スポイトで垂らして模様を描く、イギリス発祥の技法です。時代を超えるような普遍的な模様、どんな料理でも映えるデザインが、うつわ好きな女性たちに注目されています。

1. もともとは味噌蔵だった場所を改装したおしゃれな工房。2. カップ&ソーサーや飯碗など。3. 工房にて蹴(け)ろくろで作陶する和声さんと、有加さんと娘さん。家族との絆を大切にしている。4. うつわは生活の中の一部。5. スリップウェアの丸角皿やリム皿など。珍しい白が基調のスリップウェア。

じつはスリップウェアといえば、茶系のうつわが多いのですが、『やまぽた』ではより主張をおさえるために、白色のスリップウェアも制作しています。カレーライスがおいしく映えそうな丸角皿など、頻繁に食卓で活躍しそうです。

そして、『やまぽた』ではスリップウェア以外にも、使い勝手が良さそうなうつわを制作しています。どれも主役の料理が映えるような、控えめな美しさ、輝きを持っていました。

さて、二人が伊勢で活動しているのは、ここがたまたま和声さんの祖父の家だから。うつわに「伊勢らしさはありません」と、笑いますが、じつはものすごく「伊勢らしさ」を感じた工房でした。

家族の絆、日々の暮らしを大切にしながら、自らの作品ではない、ただひたすらに人々の生活に活きるモノをつくる。それは民藝の精神であり、たとえば伊勢神宮の式年遷宮で御装束神宝を制作する名工たちの心意気にもつながるかもしれません。

無名の美。それが神様に捧げるものと、人々のためにつくるという違いはありますが、一つひとつのモノを大切にし、一人ひとりの暮らしを高めるための創作活動は、本当に尊い仕事です。

※民藝(みんげい)とは?

大正15年に思想家の柳宗悦(やなぎむねよし)がつくった言葉で、河井寛次郎、濱田庄司らと民藝運動を提唱した。観賞用の芸術品ではなく、ふだん使いの日用雑器に美を見出し、伝統を受け継ぐ職人たちの手仕事の価値を高めようという考え方。個性が突出するのでなく、無名の職人がつくる「無名の美」「用の美」を大切にしている。俗に言う、観光地のお土産として大量につくられた民芸品とは違う。

外宮参拝後に行きたい!

カフェ&食事処

外宮へ参拝後、ひと息つきたいときは、直会(なおらい)という意味でも、
外宮前に広がる町「外宮参道」へ。直会とは神様にお供えした神饌を参加者でいただくこと。
参拝後に神様に感謝しながら飲食するのは、とっても"粋"な参拝です。

外宮参道

ひと息つきたくなる
外宮参拝の拠点

お伊勢参りcafé 参道TERRACE(テラス)

伊勢市駅前にある、外宮参拝の拠点となるカフェ。「旅のプランを練ったり、電車待ちで利用する方も多いですよ」と、スタッフの方。店内は大きなガラス窓で天井が高く、開放感にあふれています。

ドリンクはテイクアウトに便利なプラカップを使用していますが、そんな手軽さとはうってかわって、味は本格派。8時間かけて抽出された水出しコーヒーや、一杯ずつハンドドリップで淹れた香り高いコーヒーが用意されています。

隣の甘味工房で焼くカステラは、甘さ控えめでしっとり。カステラ、マカロンなどの定番人気商品のほか、季節限定スイーツなどを多彩に取り揃え、心もおなかも満たしてくれます。

1. ゆったりと座れる店内。2.「窯出しカステラセット」1,000円。3. 贈答品としても喜ばれるカステラは、工房で丁寧に手作りされる。4. 外宮参道の景観を配慮した建築。きざみ囲いや格子窓が落ち着いた雰囲気。5. じっくりと抽出された、まろやかな味わいの水出しコーヒー。

伊勢市本町1-1
☎ 0596-65-6419
営 10:00-18:00、
土日祝 9:00-19:00
休 年中無休

1. 落ち着きのある店内。2. カカオの産地ごとの風味を引き出したチョコレートバーが並ぶ。3. イセホットチョコレートとカヌレ。カヌレには三重の地酒「義左衛門BLACK」を使用。

外宮参道

伊勢限定のチョコレートメニューが充実

DANDELION CHOCOLATE

赤い瓦屋根のクラシカルなショップは、サンフランシスコ発祥のダンデライオン・チョコレート。大正12年に建てられた洋館の一角にカフェがあります。

国内で東京に続く2号店で、伊勢でしか味わえない限定メニューも。たとえば地元の中森製茶で自家栽培・焙煎されたほうじ茶を使用したイセホットチョコレートは、お茶の風味が芳《こうば》しく、後味はすっきり。参拝後のひとときを、ゆったりとくつろげます。

ダンデライオン・チョコレート
伊勢外宮店

伊勢市本町20-24
☎ 0596-63-6631
営 10:00-17:00
休 不定休

1. 神宮を意識した空間デザインのホール。カフェとしての利用もOK。2. 「御饌の朝かゆ」1,500円 3. 伊勢の山村乳業の牛乳を使用したカフェオレもある。

外宮参道

朝参拝の後にいただく爽やかな朝粥

あそらの茶屋

参宮あわびなど、海産珍味を販売する「伊勢せきや」の2階にある食事処&カフェ。外宮に近く、毎朝7時30分にオープンするので、参拝の後に便利です。

外宮の森を眺めながら、朝はお粥、昼は炊き込みご飯などがいただけます。

外宮のお祭り「日別朝夕大御饌祭」をモチーフにした朝食は「御饌の朝かゆ」。美しい木蓋付きの膳で、中にはイセヒカリのお粥、地元の干物、せきやの厳選珍味などが並びます。

伊勢市本町13-7
伊勢せきや本店2F
☎ 0596-65-6111
営 7:30-10:00(朝かゆ)
　 11:30-14:30(昼げ)
休 水曜日

1. 最も力を入れているのは朝ごはん。2. 国産なたね油やオリーブオイル、酢、味噌など、店主が自信を持っておすすめする商品をお土産に。3. 朝定食は1,800円。季節によって様々な食材を楽しめる。4. 木の温もりあふれるポップな店内。5. お弁当はデザートもついて2,000円(要予約)。

外宮参道

こころとからだに
寄り添う料理

ココット山下

三重県伊勢市本町19-21
☎ 0596-25-9910
営 8:00-10:00(LO)
12:00-14:00(LO)
休 火・水曜日

外宮参道で一際目をひく朝ごはんのお店。店主の山下由華さんはフランス、東京、軽井沢などの名店で修業した後、出身地である伊勢に店をオープン。高校生の頃によく立ち寄った外宮前に、かつての活気を取り戻すため、この場所でお店を開く決意をしました。

その情熱はダイレクトに料理にも表現されています。あかもく三元豚、鳥羽・志摩産の魚介、近くで穫れた旬の野菜など。地場の食材を活かしたメニューは繊細な盛り付けながら、力強い味わいです。

かつてはフレンチレストランとして運営していましたが、「朝の時間をじっくりとることで、よりよい1日を送れるのではないか」という思いから、朝定食メインにシフト。薬膳や中医学を勉強した腕前で、その日に集まった食材の魅力を引き出す料理を振る舞ってくれます。ランチやお弁当のテイクアウトもおすすめ。

内宮参拝後に行きたい!

カフェ&食事処

内宮の参拝を終え、休憩や食事をしたいときは「おはらい町」や「おかげ横丁」へ。じつは内宮前に広がる鳥居前町(門前町)はすべて「おはらい町」で、その中の一区画が「おかげ横丁」です。おかげ横丁はほぼ町の中心に位置し、50店舗以上あります。

おかげ横丁

文明開化の香り漂う洋食屋

はいからさん

大正ロマンたっぷりの洋食屋。手づくりの素朴なおいしさにこだわるシェフの、心が込もった料理をいただけます。

　オリジナルのデミグラスソースを使った「ハヤシライス」は、濃厚なコクと甘味が特徴。肉の食感を楽しむために一度挽きにした「はいからさんハンバーグ」や独自にブレンドしたスパイスを使った「カレーライス」も人気。一つひとつ丁寧につくられています。

　また、大正ロマンを感じさせるスタッフの制服もかわいらしく、クラシカルな雰囲気を醸し出しています。

　喫茶としての利用ができるのも嬉しいところ。少し分かりにくい洋館の2階にあるため、休日も比較的ゆったりできるオアシスです。

1. シフォンケーキ、チョコレートチーズケーキ、カヌレがのった「3種のデザートプレート」850円。2.「カレーライス」1,000円は、飴色になるまでじっくり炒めた玉ねぎと、香り高いスパイスが特徴。3. 迎賓館として知られる鹿鳴館と同じ、ジョサイア・コンドル氏が設計した、桑名市の六華苑を模した建物。4. 窓からはおかげ横丁の町並みを望むことができる。

伊勢市宇治中之切町52
☎　0596-23-8806
営　10:00-17:00
　　(LO16:30 季節によって変動)
休　年中無休

おはらい町

伊勢名物の神代餅を
いただける茶屋

茶房太助庵

昭和初期の蔵を改修したレトロモダンな茶屋。おはらい町の賑わいから少し離れた場所にあり、とても落ち着いた雰囲気です。

天然ヨモギだけで色と香りをつけた、伊勢名物の草餅「神代餅《かみよもち》」をつくる勢乃国屋の直営。工場と直売所が隣接し、店内でいただくこともできます。

「神代餅」と共にいただく伊勢茶は、水質日本一の清流「宮川」の畔「度会」で栽培された茶葉を五十鈴川の伏流水で淹れています。

1.「ミニ伊勢うどんとお餅3種」730円。「神代餅」と焼き色をつけた「こがし餅」など3種と、ミニ伊勢うどんがセット。2. 蔵を改装した店内。3. 内宮に近く、御幸道路沿い。

伊勢市宇治今在家町144-10
☎ 0596-29-2323
営 10:00-16:00
休 不定休

おかげ横丁

五十鈴川の前で
ゆっくり過ごせるカフェ

五十鈴川カフェ

目の前が五十鈴川という絶好のロケーション。建物の風情や空間デザインも美しく、古き良き参宮の雰囲気の中でゆっくり過ごせます。ロールケーキやチーズケーキ、プリンなど定番のほか、季節のスイーツも用意。五十鈴川の伏流水を使ったコーヒーは、まろやかな口あたり。注文を受けてから淹れるハンドドリップなので雑味なく、コクのある味わいです。

毎朝11時半までモーニングセットもあり、好評です。

1.「和三盆と白豆のくるり」220円。スイーツも豊富。2. 朝熊山と五十鈴川の風景に癒される。3. 風情あるカフェの外観。左の階段から五十鈴川沿いへ下りられる。

伊勢市宇治中之切町12
☎ 0596-23-9002
営 9:30-17:00
(LO16:30 季節によって変動)
モーニングは11:30まで
休 年中無休

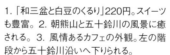

おかげ横丁

伊勢志摩の郷土料理を
歴史ある建物で

すし久

1. 広々とした店内。最も繁栄を極めた明治から昭和初期には、勅使の宿にも。2.「てこね寿し（梅）」1,380円。肉厚のかつおがツヤツヤ。3. 階段横の講札は歴史の証明。

伊勢市宇治中之切町20
☎ 0596-27-0229
営 11:00-17:00
（LO16:30 季節により変動）
休 年中無休

伊勢志摩の郷土料理「てこね寿し」を提供するお店。かつては料理旅館として使われていたという歴史ある建物は雰囲気抜群です。

てこね寿司は、かつお漁がさかんだったこの地域の漁師が、とれたての魚をその場でさばいて醤油に漬け、ご飯にのせて手で豪快に混ぜて食べたのがはじまり。

すし久のてこね寿しは、地元・御絲産コシヒカリの酢飯の上に、甘辛い醤油に漬けた肉厚の鰹の切り身がのっているのが特徴です。

おかげ横丁

世界が認める
クラフトビール

伊勢角屋麦酒
内宮前店

1.「飲み比べセット」1,280円。ピルスナー、IPAなどの定番＋その日の推しをセレクト。2. 古民家風の店内も素敵。国産うなぎも食べられる。3. テイクアウトもOK。

伊勢市宇治今在家町
字東賀集落34
☎ 0596-23-8773
営 11:00-17:00
（LO16:30 季節により変動）
休 年中無休

伊勢市に工場を持つ、クラフトビールメーカーの直営店。ビール界のオスカー賞と呼ばれる「International Brewing Award」で、3大会連続金賞を受賞したビールが楽しめます。

いちばん人気の「カキフライ定食（竹）」は焼き牡蠣付きで、ビールのお供として間違いないおいしさ。

ビールは五十鈴川沿いに設けられたテラスで味わうことも。運が良ければ川の向こうに、くつろいでいる神馬の姿が見られるかも。

1. 天然穴子の歯ごたえと、サクサクの衣がたまらない、「あなご天重膳（並）」2,100円。2. 趣のある店内には、朝熊山を眺められる席もある。3. 大きなイチョウの木と、日本建築がおりなす美しい外観。4. 一番人気の作り立ての「寄せ豆腐膳」1,380円〜。5. 「豆腐田楽」は5本で600円。

おかげ横丁

大人の隠れ家でいただく
自家製豆腐

とうふや

伊勢市宇治浦田1-4-1
☎ 0596-28-1028
営 11:00-17:00（LO16:30）
休 年中無休

豆腐と穴子の創作料理のお店。おかげ横丁から少し離れた五十鈴川沿いにあり、まるで大人の隠れ家のような佇まいです。

豆腐は北海道産大豆と三重県産大豆をブレンドし、甘味と渋味のバランスを調整。きめこまかな食感が印象的です。

人気は作り立ての「寄せ豆腐膳」。最初はそのまま、次は塩で。最後にタレと薬味でいただきます。寄せ豆腐はつくり立てがいちばん美味なので、オープンに合わせ、毎日開店前に仕込んでいるのだそう。

季節の素材を練り込んだ豆腐も味わえる「二種豆腐膳」や「三種豆腐膳」も注目。数量限定なので、お目当てのときはぜひ予約を。

また、穴子料理のおいしいお店としても有名。国産の天然穴子、それも、お重の上にはみでる大きなものだけを厳選するこだわりよう。滋味あふれる穴子のおいしさを実感できます。

伊勢の伝統を買う

参宮記念お土産

古き時代から庶民の憧れだった伊勢は、歴史あるお土産の町でもあります。
神宮参拝の記念になるものから、参宮の歴史が生んだ伝統工芸まで、
様々な伊勢土産を買うならココというお店を紹介します。

外宮参道

現代のライフスタイルに合った伝統工芸品

衣 GENERAL STORE

三重県内の伝統工芸品や地場産品を現代のライフスタイルに合わせて提案するショップ。

イチオシは上質な松阪木綿を使ったトートバッグ。カジュアルでいながら丁寧なつくりはファンが多く、毎年新作を買いにくる人も多いのだそう。そのほか、伊勢木綿を使ったお賽銭がま口やお守り袋も好評です。

ふんわりとした風合いの伊勢木綿に対して、松阪木綿はしっかりした質感。それぞれの特徴を活かして、魅力あふれるアイテムに仕立て上げています。

尾鷲わっぱの弁当箱、伊賀くみひものバッグ、アコヤパールのアクセサリーなど、伊勢志摩ならではのセレクトは、旅の記念に手にしたいものばかり。

1. 松阪木綿はシックな縞柄や格子柄が特徴。2. 店内は外宮の写真も飾られ、厳かな雰囲気。3. 伊賀くみひもを繋げて作られたサコッシュも人気。高級感のある光沢は、大人の女性にぴったり。4. アコヤパールのアクセサリーは、形に特徴のあるものを使うことでリーズナブルに。

伊勢市本町6-4
シャレオサエキ1F
☎ 0596-22-1128
営 10:00-17:00
休 水曜日

外宮参道

旅の一コマを持ち帰る
独自の品揃え

伊勢みやげ
伊勢百貨店

旅の土産に困ったら、迷わずここへ。伊勢茶や松阪牛など、地域色豊かな名産・名菓を揃え、外宮参道で一番の規模を誇ります。

たとえば土産の定番・伊勢うどんだけでも10種類以上。入り口すぐに置かれている伊勢神宮のポストカードは迫力満点で、お伊勢参りの気分を盛り上げてくれます。ほかにも伊勢の森をイメージしたフレグランス「そらゆい」など、旅の一コマを持ち帰れる独自のセレクトにも注目です。

1. ゆったりとした空間で思い出の品選びを。2. 店舗は伊勢市駅すぐ。3. 伊勢醤油を使ったほどよく甘じょっぱい「みたらしくるみ餅」。4. 伊勢らしいお土産「神恩おかき」。

伊勢市本町18-30
☎ 0596-22-7515
営 9:00-17:00
(土日祝は18:00まで)
休 年中無休

外宮参道

三重の地酒の
利き酒体験もできる

伊勢百貨店
五豊美(ごほうび)

ラベルを眺めるのも楽しい三重の地酒。伊勢志摩サミットで話題になった「作《ざく》」や「半蔵」など、様々な蔵元の銘柄を集め、地元の辛党にも喜ばれています。利き酒体験で、味を試してから購入できるのも嬉しいところ。

店内には、松阪木綿、伊賀組紐《くみひも》や日永うちわなど、伝統工芸品が並びます。

神宮の森で育まれた「御山杉」のブレスレットや財布など、三重の本物が勢揃い。お土産はもちろん、自分へのご褒美を探せます。

1. 3種利き酒セット1,000円〜。2.洗練された工芸品が並ぶ。3. 樹齢300年以上の杉を使用した財布。4. 三重の地酒。

伊勢市本町1-1
☎ 0596-65-6419
営 9:00-17:00
(土日祝は18:00まで)
休 年中無休

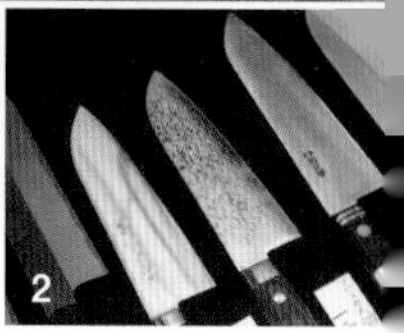

1. 逸品が揃う店内。一番人気は爪切り、1,600円～。2. 刀鍛冶職人による古式鍛造文化包丁など。3. 伊勢勾玉のストラップ。4. 歴史を感じさせる佇まい。5. 職人技が光る、使い心地抜群の毛抜き。6. 麻祓い。祓い清めたい場所につるしたり、体をなで身を清める。

外宮参道

外宮参拝に関することも詳しく分かるお店

伊勢 菊一

伊勢市本町18-18
☎ 0596-28-4933
営 9:00-17:00
休 木曜日

明治時代創業の打刃物店。刀鍛冶職人の手仕事が生んだ和包丁をはじめ、爪切りやハサミなどの生活道具を扱っています。

外宮参道発展会の事務局も兼ねているため、外宮参拝する人々が気軽に立ち寄れる案内所のような場所。

オリジナルの伊勢土産をはじめ、伊勢神宮関係の写真集や書籍、神宮について学べる本も独自に企画発行し、情報発信しています。

さて、神宮にはおみくじがありませんが、伊勢菊一には「神話占《うらな》合《ひ》」という占い札があります。そこには古事記の物語やメッセージが書かれていて、ハッとするような言葉が。店長の井村英太さんに頼むと、占い札の解説もしていただけて、その話を聞いて涙する人も多いのだとか。

向かいのビルの2階には2023年9月にオープンしたばかりの隠れ家的カフェもあり。コアな情報が得られると密かに人気です。

おはらい町

お神酒ゆかりの
お酒が買える

白鷹三宅商店

伊勢神宮のお祭りで神様にお供えされるお酒は4種類（白酒《しろき》、黒酒《くろき》、醴酒《れいしゅ》、清酒《せいしゅ》）あり、通常、神宮神職によってようるわしく奉醸されていますが、清酒は兵庫県西宮市の「白鷹」という蔵元で謹醸され、これを「御料酒」といいます。

御料酒は神様がお召し上がる特別なお酒ですが、同じ蔵元「白鷹」の全国唯一ここ白鷹三宅商店でしか販売されていない純米吟醸の木香を楽しめる「白鷹」の特別限定酒を購入できます。

1. 白鷹の酒樽と杉玉が風情ある。2. 伊勢の伝統的な切妻、妻入りの外観。3. 白鷹のほか、三重県の地酒の多くを揃える。

伊勢市宇治今在家町29-2
☎ 0596-22-4506
営 10:00-17:00
休 不定休

おかげ横丁

由緒正しい
神棚と神具の専門店

伊勢宮忠

伊勢神宮のお膝元外宮前で80年にわたり神殿・神祭具造りに携わってきた「宮忠」。様々なタイプの神殿を製造・販売するお店。

神棚の材料は、国産檜の中でも最高品質といわれている木曽檜。伊勢神宮の御正殿の建築様式、唯一神明造りを忠実に模しています。

パワーストーンや盛り塩セットなど、お迎えすることで厄災から身を守れる道具も豊富。神職の資格を持つスタッフもおり、親身にアドバイスしてくれます。

1. 店先では火打石や盛り塩を体験。2. いつも側に置きたいKIYOMEシリーズのスタイリッシュなクリスタル。3. 神具が並ぶ店内。4. 自分でお祓いができる自祓大麻。

伊勢市宇治中之切町52
☎ 0596-23-8839
営 9:30-17:00
（季節により変動）
休 年中無休

おかげ横丁

古き良き日本の
伝統工芸品や和雑貨

神路屋（かみじや）

江戸時代の伊勢参りブームで発達し、美術品としての価値もある「伊勢根付」や、神宮のお神札や暦などにも使われている「伊勢和紙」など。昔から変わらない本当に良いものをセレクトし、販売しています。

和雑貨も豊富で、お箸やタオル、手拭いのほか、週末限定で名前や日付が入れられる国産檜のご朱印帳も。

祝儀袋や便箋など日常に使えるものも多く、自分へのお土産を買いたくなること必至です。

1. 伊勢和紙や伊勢型紙など伝統工芸品が豊富に揃う。2. 人気は伊勢木綿を使った「お賽銭用がま口」990円。3. 伊勢型紙の上品なコンパクトミラーは2,200円。

伊勢市宇治中之切町52
☎ 0596-23-8822
営 9:30-17:00
（季節によって変動）
休 年中無休

おかげ横丁

女性に人気の
キャンドルの専門店

灯りの店

キャンドルや和蝋燭を中心に、「灯りで楽しむ暮らし」を提案するお店。100種類以上の中から、自分に合ったとっておきの灯りと香りが見つかります。

人気の「音が鳴るキャンドル」は芯が木になっており、灯すとパチパチと焚火のような音が。精油の香りもやさしく漂います。

また、パームワックスでできた蝋のパウダーを重ねて層にする「レイヤードキャンドルづくり」も毎日予約不要で体験できます。

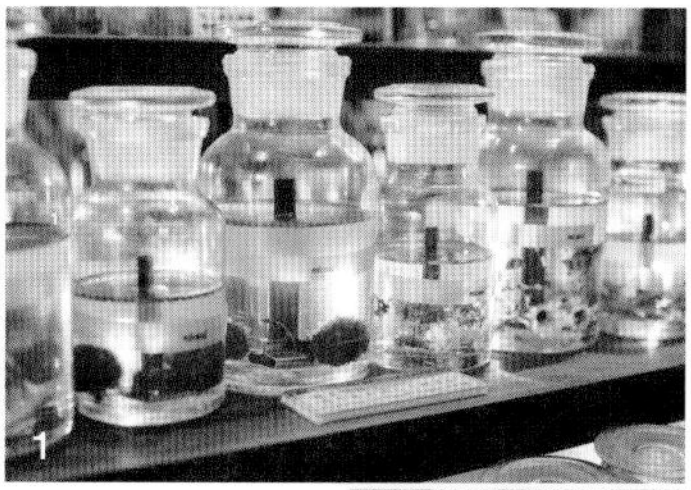

1. 音が鳴るキャンドル。人気の香りは金木犀、プルメリア、ローズウッド。2. レトロでかわいいお店の外観。3. お風呂に浮かべて楽しむキャンドル。4. 上品な色合いの香り袋も素敵。

伊勢市宇治中之切町52
☎ 0596-23-8834
営 9:30-17:00
（季節によって変動）
休 年中無休

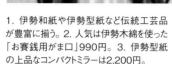

参宮町の名店

おいしいものめぐり

江戸時代創業の店をはじめ、新旧多くの名店が存在する伊勢。
伊勢でしか食べられない、気軽にいただける庶民の味。
参宮の町＝おはらい町、おかげ横丁、外宮参道のおいしいものを厳選しました。

おかげ横丁

つくりたての柔らかい
赤福餅が味わえる

赤福本店

全国的にも知られる伊勢名物といえば、赤福餅。ほとんどのお店が閉まっている朝、赤福本店だけは毎朝5時から開店しています。

これは神宮の参拝開始が5時だから。早朝参拝後、このお店が営業しているだけで、なんだかホッとします。神宮あっての赤福というその姿勢は感動的です。

創業300年以上の本店では五十鈴川を眺めながら、つくりたての赤福餅が味わえます。香ばしいほうじ茶と共にいただく赤福餅は格別！お箸が添えられているのは、昔、お餅が食事代わりだった時代の名残です。

また、冬期限定の「赤福ぜんざい」、夏期限定の「赤福氷」は、毎年楽しみにしているファンが多く、伊勢の風物詩となっています。

1. 店内でいただく「お召し上がり盆」。赤福餅2つ、ほうじ茶付きで300円。2. 風情ある店舗は明治10年築。3. 香ばしい焼き餅をのせた「赤福ぜんざい」700円。大粒の大納言小豆入り。4. お土産は「白餅黒餅」も魅力的。8個入り1,100円。5. 座敷でゆったりお餅を味わえる。

伊勢市宇治中之切町26
☎　0596-22-7000（総合案内）
営　5:00–17:00
（繁忙期時間変更あり）
休　年中無休

1. 店頭では「うの花あんどーなつ」や「うの花ポテト」なども販売。2. 古材も使用して建てたお店の外観。3. 揚げたてドーナツがどんどん運ばれていく。4. 「おとうふソフト」は豆腐を50%以上使用。凝固剤を使わないので、ふわっと口の中で溶ける。5. 「うの花どーなつ」120円。6. 独特な五十鈴川の伏流水のおいしさが凝縮した豆腐。

おはらい町

おいしい五十鈴川の
水でつくる豆腐&ドーナツ

豆腐庵山中

伊勢市宇治中之切町95
☎ 0596-23-5558
営 10:00-16:00
休 木曜日

ふんわりと優しい味わい。1個食べると、ついつい2個目に手が伸びてしまう。そんな大人気の「うの花どーなつ」をいただけるお店が、平成15年にスタートした豆腐庵山中です。

本来は豆腐屋ですが、豆腐づくりの過程でできる〝おから〟を捨てることができず、子どもたちに、おからドーナツをつくったのが誕生のきっかけでした。「おいしい五十鈴川の水を活かした豆腐をつくりたい」という、地元出身の店主・山中一孝さんの思いから始まった豆腐づくり。

材料は水、天然のにがり、そして大豆のみ。大豆はミネラル分が若干濃い五十鈴川の伏流水に合うものを、30種類以上試して、探し出しました。

今ではドーナツやソフトクリームが参拝者、観光客に人気ですが、一方で昔懐かしい宇治の町の豆腐も常連が多い。地元の豆腐屋として愛され続けています。

横丁そば　小西湖

おかげ横丁

路地裏のラーメン屋。松阪牛の牛骨を100%使い、4日間かけて仕上げたスープと和風だしとのダブルスープは、国産小麦を使用したプリプリの真空多加水麺とよく絡みます。秘伝のタレで1週間漬けた自家製焼豚は、生ハムのような上品な味わいです。

伊勢市宇治中之切町52
☎　0596-23-8837
営　10:00-17:00（LO16:30 季節によって変動）
休　年中無休

浪曲茶屋

おかげ横丁

店内に浪曲が流れ、粋な気分になれるそうめん処。のどごし、コシ、風味のバランスが絶妙なそうめんは、暑い時期はさっぱりした冷たいそうめん、寒い時期は体が温まるにゅうめんがおすすめです。

伊勢市宇治中之切町39-8
☎　0596-23-8854
営　11:00-17:00（LO16:30）
休　年中無休

ふくすけ

おかげ横丁

伊勢といえば伊勢うどん。伊勢神宮の参拝客に古くから愛されてきた庶民の味。家庭はもちろん、お店によっても味つけは様々です。

ふくすけの伊勢うどんは、出汁をきかせたあっさり味。たまり醤油、昆布、かつお節などが入った自家製タレは、ふわふわモチモチの太麺によく合います。

また、三重県産小麦を使った手打ち伊勢うどんは自家製麺。数量限定なので完売必至です。

絶妙なおいしさの秘密は麺のゆで方。つくった日によって膨らみ方が違う麺を、職人が一つひとつ見極めてゆでているのだそうです。

めかぶやとろろ、温玉がのった冷やし伊勢うどん（夏期限定）。

伊勢市宇治中之切町52
☎　0596-23-8807
営　10:00-17:00（LO16:30 季節によって変動）
休　年中無休

伊勢市で明治時代から続くお茶屋「木下茶園」。「お茶の伝統や文化を大切にしながら、新しいお茶のある生活を提案」することをコンセプトに生み出される、伊勢抹茶を使った本格抹茶ラテやスイーツは絶品。抹茶の深い香りと、ほどよい苦さが感じられます。

ほかにも店舗がありますが、イートインできるのは外宮店のみ。木のぬくもりを感じるスペースで、ゆったりとくつろぎながら創作スイーツを味わえます。

1. 2階にアーチ窓を配した和洋折衷のクラシカルな建物。2.「濃厚抹茶プリンジェラート」850円、「伊勢抹茶ラテ」550円。3. お茶や紅茶のティーバッグはお土産に最適。

外宮参道

老舗お茶屋が営むカフェ

木下茶園 外宮前店

伊勢市岩渕1-1-31 豊恩館1F
☎ 0596-24-6747
営 11:00-17:00
休 水曜日(お盆・正月・祝日は除く)
※長期休暇・臨時休業あり

伊勢神宮の外宮前にある、小さなパン屋さん。地元で長く愛されてきた「山下製パン所」から、食パンのレシピを引き継いでいます。

食事に合わせて食べたい素朴なパンは、小麦の香りがしっかり。「おいしいパンは食事のクオリティを上げる力があるんです」と店長の中村さんは語ります。

人気のカンパーニュは三重県産と北海道産の小麦粉にアメリカのオーガニック小麦をブレンドして、食感よく仕上げています。

1. ハード系はサンドイッチにしてもおいしい。2.テラス席で食べてもOK。三重県産の柑橘類で作った手作りレモネードも美味。3. 山下製パン所の店舗を引き継いでいる。

外宮参道

毎日食べられるお食事パン

パン屋 麦

伊勢市本町13-6
☎ 0596-64-8626
営 10:00-18:00
休 火・水曜日、不定休

達人がおすすめする
おかげ横丁の楽しみ方

おはらい町の真ん中に食事処から土産屋まで、50以上もの
お店が軒を連ねるおかげ横丁。季節の催しも多く、
魅力はたくさんありますが、その中でもとくに注目すべきところを、紹介します。

和太鼓や紙芝居などのスケジュールは、おかげ横丁HPへ。
https://okageyokocho.com

４００坪の広大な敷地に、江戸から明治期の伊勢路の町並みを再現した「おかげ横丁」。年中様々な催しを開催しています。

おかげ横丁の太鼓櫓《たいこやぐら》で行われる和太鼓の演奏やかみしばい広場での「横丁かみしばい」は、大人も子どもも一緒になって楽しめるイベントです。

おもに毎週土・日曜、祝日に行われる「神恩太鼓」の演奏は神恩感謝を太鼓で表現するというもの。「今、ここにあることに感謝をしながら演奏をしています」とメンバー。日々鍛錬するメンバーたちの熱演が、心の奥底まで響いてきます。

また、「横丁かみしばい」は広場を瞬時に舞台に変える、紙芝居師の大谷さんの語り口にも注目です。

おかげ横丁を一通り楽しんだら、すし久や五十鈴川カフェの横から五十鈴川へ行ってみましょう。朝熊山を遠くに眺め、川のせせらぎが気持ちいい場所に一瞬にして出られます。春にはツバメが飛び交う、とても癒される光景に出会えます。

「おみやげや」のおかげ犬みくじ。3種類のおかげ犬がいるので探してみて。

代参犬の話に感動！ かわいいおかげ犬グッズ

江戸時代、主人の代わりとなって伊勢神宮へ参拝した犬がいました。その名は「おさん」。徳島県を出発したおさんは、1匹で神宮へやってきました。それに感動した街道の人々が首にお金をくくりつけ、この犬が無事に帰れるようにしたそうです。

代参犬はこのほかにもいたそうで、おかげ横丁では「おかげ犬」として「おみやげや」や「もめんや藍」などで販売しています。

おかげ横丁の食べものがおいしい理由

おかげ横丁の食べものがおいしい理由の一つに、原材料に対する意識の高さがあります。もちろん、すべての商品ではありませんが、保存料や着色料を使っておらず、材料がシンプルなものが多いのです。また、なるべく三重県の食材を使い、手間ひまをかけながら、本当においしいものを手に入りやすい価格帯で提供しているのも、おかげ横丁のこだわりです。

知る人ぞ知る庭園散歩

伊勢器市でうつわ巡り

伊勢市駅の目の前に、陶器を選びながら散歩できる素敵な場所を
見つけました。ここは西日本のうつわを集めた陶器専門のマルシェ。
建物ごとにテーマが異なるうつわが並べられ、ゆっくり眺めることができます。

敷地内は庭園のようになっていて、自由に散策できます。日没以降は灯籠に灯りがともり、幻想的な雰囲気に。

外宮参道沿いを歩いていると、ちょっと気になる美しい庭が。趣のある建物が5棟建っており、中には素敵なうつわが並んでいます。

実は、伊勢市駅前の旅館「伊勢神泉」の敷地内にあるのですが、「どんな方でも気軽にお越しください」と、総支配人の出口万里さん。担当者が窯元や作家を訪ね、日常使いの品から一品ものまで幅広く厳選。気に入ったものは、「会計棟」で購入することもできるのだそう。

知る人ぞ知る場所なので、自分のペースでじっくり見られるのも嬉しいポイント。うつわの購入は閉店時間までですが、夕暮れになるとライトアップされてとてもきれい。散策の帰りに足をのばしてみては？

日用品から貴重な1枚まで幅広く販売。自分のペースでゆったりと器が見らます。

外宮参道

名窯即売市場
伊勢器市

伊勢市本町1−1
☎ 0590-65-6419
営 9:00-17:00
（土日祝18:00まで）
休 年中無休

1. 一番大きな建物が会計棟。お気に入りが見つかったらこちらで購入できます。2. 外宮にある勾玉池にちなんだ、勾玉の大皿。4. 手にしっくり馴染むカップは一生もの。

第5章

伊勢参りの宿

一度は泊まってみたい
憧れの宿

平成25年（2013年）の神宮式年遷宮と前後して、
多くの宿がオープンした伊勢志摩。
今でもその勢いは続いており、ハイクラスのラグジュアリーホテルから、
使い勝手のいいビジネスホテルまで、
多種多様な宿が続々と誕生しています。
なかでも、伊勢志摩の自然と食を満喫し、
特別なゆったりとした休息を楽しみたい人のために、
一度は泊まってみたい憧れの宿、3軒を紹介。
伊勢神宮の参拝後に、ゆっくりくつろげる旅をご提案します。

アマネムのインフィニティプールから英虞（あご）湾を望む。

1

アマン初の
温泉を有するリゾート

アマネム

人里離れた森の中、ゲートを通過し、「パビリオン」へ足を踏み入れると、途端に非日常の世界へ。

波静かな英虞湾《あごわん》を借景に、伊勢志摩国立公園の中に溶け込むアマネム。世界のラグジュアリーリゾート文化に大きな影響を与えたアマンが、初めてつくった温泉のあるリゾートです。アマンの世界観が随所に感じられます。

そんなアマネムでは、ダイニングが併設されているレセプションエリア、温泉施設を備えたアマン・スパ、そして8棟のヴィラと24棟のスイートが森の中に点在しています。

25万㎡の広大な敷地内は、スタッフが運転するカートで移動。「桜や紅葉をはじめ、四季の移ろいを感じていただければ」と語るのは、アマネムのスタッフ。身近

志摩市浜島町迫子2165
☎　0599-52-5000
チェックイン　15:00
チェックアウト　12:00
スイート1室2名180,000円～
（朝食付き）
（消費税・サ・入湯税別）

1. アマン・スパのテーマは水。温度が異なる2つの温泉水を利用したサーマル・スプリングで代謝を促し、心身ともにリフレッシュ。 2. すべての客室に天然温泉がひかれている。客室温泉からの開放的な風景。 3. ベランダから広がる緑。喧騒とは無縁の静けさを独占。 4. 対面式のダブルシンクがおしゃれ。ところどころに、細やかな配慮がちりばめられている。 5. ヴィラの広いリビングルームはキッチン付き。 6. 天然素材の家具や色合いに、落ち着いて過ごせるベッドルーム。 7. ささやかな書斎空間。組木の木箱や竹細工のランプシェードなど、和の趣が随所に演出されている。 8. 英虞湾を望むレストラン。

にある森が季節を知らせてくれます。

客室は日本の伝統建築を意識したモダンなデザイン。日本の古民家をイメージした切妻屋根、重厚な日本瓦、墨色の杉材の壁が緑の森に馴染んでいます。

中に入ると、高い三角天井と風が通り抜ける大きな窓があり、開放感は抜群。和の趣が随所に演出され、研ぎ澄まされた心地よさがあります。

質の高い調度品や空間と、カタチだけでないホスピタリティは、アマンの哲学そのもの。それを体験するだけでも価値あるひとときを過ごせそうです。

英虞湾を望むダイニングでいただくディナーは、最高級の松阪牛や伊勢志摩の新鮮な魚介類など。地元三重県の食材を使った、様々な日本料理を楽しめる。

1.リラクゼーションスイート。客室の外に離れとして、リラクゼーションルームを備える。2. プレミアムスイートの温泉露天風呂。3. 自家源泉「龍の栖温泉」を使用した大浴場は、また違った風景を見せてくれる。4、5. 伊勢志摩と各地の旬の食材を組み合わせた会席料理の内容は月替わり。6. 宿の遠景。施設のまわりだけでも100種類以上の野鳥が棲み、美しいさえずりが聞けることも。

地球の雄大な
大自然を感じる宿

御宿 The Earth
（ジ アース）

三重県鳥羽市石鏡町
中ノ山龍の栖
☎　0599-21-8111
チェックイン　14:00
チェックアウト　11:00
（1室2名利用の場合）
1泊2食付き
1名41,800円～
（消費税・サ込、入湯税別）

太平洋を望む岬にある「嵐を観る宿」。５万坪以上の原生林に囲まれ、美しい空と海、豊かな森に野鳥がさえずり、地球の雄大な大自然を肌で感じることができる宿です。

部屋は16室あり、すべてスイートルームタイプ。全室に自家源泉をひいた温泉露天風呂を備え、お風呂から美しい景色を眺めることもできます。

客室によって景観は変わりますが、地平線から昇る朝日、海を照らす月明かり、潮風を感じながらの温泉などに、何度も入れる贅沢を味わえます。

大浴場もあり、広い湯船の中に、１枚の絵画を見ることのできるような構造。露天風呂には低温炭酸を使用し、美白や疲労回復の効果も期待できそうです。

料理は山川基次総料理長による、伊勢志摩と各地の旬の食材を組み合わせた和会席。岬の突端にあるダイニング「嵐」でいただきます。

1. 別棟の部屋の主役は御影石の温泉風呂。窓からは豊かな自然と英虞湾。2. 松阪牛のグリエとそのコンソメ トリュフ 生胡椒。3. 木製のブラインドから優しい光が差す、心地よい客室。部屋ごとに異なる家具が配され、それぞれ違った雰囲気に。4. 伊勢海老 アメリケーヌソース"伊勢志摩備長炭"炭火焼き。5. タラソプールとクレイセラピーを同時に体験。6. 木漏れ日の中、ウエルカムドリンクで一息。7. 料理長の今村将人さん。

食材の宝庫でいただく
最高のフランス料理

THE HIRAMATSU HOTELS & RESORTS 賢島

志摩市阿児町鵜方3618-52
☎ 0599-65-7001
チェックイン 15:00
チェックアウト 11:00
(1室2名利用の場合)
本棟/1泊2食付き
1名70,300円〜
別棟/1泊2食付き
1名86,400円〜
(消費税・サ込、入湯税別)

志摩は古来、神宮や朝廷に海産物を奉納してきた食材の宝庫。その場所に、フランス料理の名門として知られるひらまつによる、わずか8室のホテルがあります。「海の幸がおいしいのは予想していましたが、地元の農家さんの野菜など、当たり前のものが本当においしくて」と、話すのは東京やパリのひらまつ各店で研鑽を積んできた、今村将人料理長。

かつてはメニューを決めてから、素材を探していましたが、ココでは食材と出合ってから、渾身の一皿を考えるようになったそうです。

全8室のみのホテルですが、ホスピタリティは抜群。ひらまつのレストランで培ったおもてなしの心がしっかりと受け継がれています。

美食にスパをプラスしたプランも人気。神聖な伊勢志摩の海水を使ったプライベートタラソプールと「CLAYD SPA」のクレイセラピーで、心身共に癒される休日が叶います。

参拝に集中できる!

神宮参拝のための宿

伊勢周辺で宿を探す場合、場所は大きく分けて志摩、鳥羽、そして伊勢市内です。
どこも神宮から約1時間以内で行けますが、参拝を第一目的にするなら、
やはり伊勢市内の宿が便利。そのなかでも、参拝に最適な宿を厳選しました。

神宮に連なる森に佇む温泉宿。内宮まで徒歩約15分なので、早朝参拝をしてから朝食をいただき、それからチェックアウトというような快適な参拝ができます。

おかげ横丁も近く、買い物や食事にも便利です。

趣の異なる2つの温泉大浴場は、内湯のほかサウナもあり。広々とした浴槽でゆったりくつろげます。

また、4つの貸切風呂も魅力的。水琴窟の音がしたり、浴槽が大理石だったり、お風呂によって趣向が違い、様々な温泉風情を楽しめます。しかも、夜通し利用できるので、参拝前に身を清めることも可能。

早朝参拝する人には早朝食としての「かたぱん」とコーヒーのサービスもあり、参拝者に優しい宿です。

1. 温泉貸切風呂は空いていたら無料で使用可能。2. 畳敷きにベッドという機能性にあふれた客室。全室に客室露天風呂付き(温泉ではありません)。3. 休憩所の「伊勢いにしえ処」。伊勢神宮の書籍などもある。4. 夕食は松阪牛をはじめとした、伊勢志摩の味覚を一度に味わえる月替わりの会席料理。5. 様々なお湯が楽しめる温泉大浴場。

伊勢市宇治館町字岩井田山
679-2
☎ 0596-20-3777
チェックイン　15:00
チェックアウト　11:00
1泊2食付き
1名28,500円～(サ込、税別)

内宮参拝に便利な
温泉旅館

伊久(いきゅう)

1. ラウンジは5階にあり、外宮方面を眺めながら、フリードリンクでゆったり過ごせる。2. 「日本料理伊せ吟」では、本格和会席で腕を振るう料理長が、伊勢志摩の食材でもてなす。3. 和モダンな落ち着いた雰囲気の部屋。4. 全客室に信楽焼の温泉露天風呂が付いている。5. エントランス。1階が食事処、2〜4階は客室、5階にフロントがある。6. 最上階の温泉大浴場で、足を伸ばしてリラックス。7. 色柄を様々に選べる浴衣。

好アクセスで全室
温泉露天風呂付き

伊勢外宮参道
伊勢神泉（いせしんせん）

伊勢市本町1-1
☎ 0570-0117-22
チェックイン　15:00
チェックアウト　11:00
（1室2名利用の場合）
1泊2食付き
1名27,750円〜
（サ・税込、入湯税別）

伊勢市駅からわずか徒歩1分。外宮もすぐ近く。早めに到着すれば、荷物を預けて外宮参拝ができる好アクセスな宿です。

伊勢・神宮御前唯一の天然温泉を湧出し、全客室に信楽焼の露天風呂付きという贅沢さ。旅の疲れを癒し、自分だけの湯あみを満喫することができます。

ホテルの機能性も備えた客室は、洋室、和洋室、スイートルームの3タイプ。いずれも白を基調とし、伊勢型紙や伊勢木綿を活かしたインテリアをアクセントに、和モダンな落ち着いた空間が広がります。

そんな居心地のよさはシニアからファミリーまで幅広い世代にお墨付きですが、「最近は女性の一人旅でのご利用も増えています」と、総支配人の出口万里さん。アメニティにミキモトコスメティックスを揃えたり、浴衣は色柄をチョイスできたりと、女性に喜ばれる配慮があります。

ひとり旅の女性でも
利用しやすい宿

三交イン
伊勢市駅前

伊勢市駅から徒歩2分、外宮まで徒歩6分という参拝に最適な環境。2023年7月には、ワンランク上の別館もオープンしました。

宿泊者専用の大浴場「四季乃湯」にはミキモトコスメティックスを用意。セキュリティエレベーター、アメニティBAR、女性専用のコインランドリーなど、女性も利用しやすい工夫がいっぱい。ひとり旅でも安心です。

近くには居酒屋、外宮参道やコンビニもあり、夜が早い伊勢でも困りません。

1. 女性用大浴場。セキュリティも万全。2. シングルルーム12㎡。ベッドマットレスはアメリカのサータ製。3. 伊勢市駅至近の左奥がこのホテル。4. 朝食（有料）は伊勢うどんもある。

伊勢市宮後1-1-1
☎ 0596-20-3539
チェックイン　15:00
チェックアウト　10:00
1泊室料　シングル7,400円～（サ・税込）

伊勢市駅から近く
外宮に好アクセス

コンフォートホテル
伊勢

JR・近鉄「伊勢市」駅より徒歩約3分、近鉄「宇治山田」駅からも徒歩約7分と、ビジネスにも観光にも適した立地のホテル。

伊勢神宮（外宮）へは徒歩約5分、伊勢神宮（内宮）やおかげ横丁にも、車で15分もあれば着きます。

無料で提供される朝食ビュッフェはクオリティ高く、スムージーが好評。

ライブラリーカフェには、伊勢や旅にちなんだ本が100冊以上もあり、Wi-Fiやコーヒーも無料です。

1. ツインルームはゆったりした広さ。2. 伊勢市駅を降りるとすぐホテルが見える。3. ライブラリーカフェでは、コーヒーや紅茶などの飲み物が無料。4. 朝食は伊勢茶を使ったお茶漬けが美味。

伊勢市吹上1-3-26
☎ 0596-27-1811
チェックイン　15:00
チェックアウト　10:00
1泊室料　ツインルーム1人12,000円～（サ・税込）

1. 客室は和室が中心。部屋では神宮案内のビデオが流れる。神宮を深く学べ、参拝に集中できる環境。2. 夕食は4階のラウンジで。写真はコースの一例。3. 大浴場は朝5時から入れるのが嬉しい。4. 神宮会館の外観。宿泊者は駐車場無料、バス停もすぐ近く。5. ゆったりとした喫茶コーナー。6. 1階にはお土産や神宮関連の書籍類が豊富に揃う。

内宮まで徒歩5分
参宮を第一に考える宿

神宮会館

伊勢市宇治中之切町152
☎ 0596-22-0001
チェックイン　15:00
チェックアウト　10:00
本館2食付き 2名1室1名
14,850円〜（サ・税込）
西館2食付き 2名1室1名
11,550円〜（サ・税込）
※どちらも1人利用が可能。

内宮の宇治橋まで徒歩約5分、内宮に一番近い宿。前日、外宮に参拝した後、神宮会館に泊まり、翌朝に内宮まで歩いて参拝する。そんな、理想の参拝コースがこの宿なら可能です。

伊勢神宮崇敬会が運営する参宮の宿ですが、一般の人でも泊まれます。

部屋は本館と西館があり、本館は和室か洋室でバス・トイレ付き。西館はすべて和室でバス・トイレともにありませんが、ゆったりとした大浴場があるので、よりリーズナブルに泊まりたい人は西館がおすすめ。ひとり旅にも最適です。

神宮会館といえば内宮の「早朝参拝案内」が有名。希望者は、早朝の清々しい参道を歩きながら、職員の人が神域内を案内してくれます（宿泊者は無料）。

朝6時30分にフロントに集合。約3キロの行程を1時間40分かけて参拝します。初めての神宮で不安な人には嬉しい心配りです。

監修・文／辰宮太一
東洋哲理研究家。陰陽説・五行説など東洋哲理の集大成ともいわれる万象学《ばんしょうがく》第18代宗家。神道、仏教、道教などの信仰にも通じ、分かりやすい解説が人気。著書に『日本の大聖地』『元気をもらう神社旅行』(ともにJTBパブリッシング)、『開運!最上のご利益がある神社』(KKベストセラーズ)など。
http://www.shin-ra.com/

写真／Kankan
写真家。東京生まれ。ネイチャー、文化を中心に聖地、神社、仏閣を撮り続けている。神仏と鳥の写真にはとくに定評がある。著書に『伊勢神宮』写真集(書肆侃侃房)、『伊勢神宮式年遷宮のすべて』『楽学ブックス伊勢神宮』(ともにJTBパブリッシング)、『皇室日記特別編 伊勢神宮 式年遷宮』(日本テレビ放送網)、『伊勢神宮とおかげ横丁』『高野山と密教の仏様』(ともに小社)などがある。
http://www.kancam.jp

幾度となく訪れたい、心の旅
大人の伊勢神宮
令和版

Staff
監　修　辰宮太一(第1章、2章、3章)
撮　影　Kankan(第1章、2章、3章)、山田耕二、柴田愛子(第4章、5章)
装　丁　松崎 理(yd)
デザイン　早樋明日実(yd)
イラスト　宇和島太郎
制作・文　有限会社ナインヘッズ、上村絵美
文　中村元美(浜荻文庫)
校　正　鈴木初江
編　集　川上隆子(ワニブックス)

協　力　神宮司庁
福武典子、田窪 潤、篠 はるみ　有限会社ラシリン

2023年11月10日　初版発行

※本書は2018年に刊行した『幾度となく訪れたい、心の旅　大人の伊勢神宮』に、新たな情報をもとに加筆・修正を加えた新装改訂版です。

発行者　横内正昭
編集人　青柳有紀
発行所　株式会社ワニブックス
〒150-8482　東京都渋谷区恵比寿4-4-9　えびす大黒ビル
ワニブックスHP　http://www.wani.co.jp/
お問い合わせはメールで受け付けております。HPより「お問い合わせ」へお進みください。
※内容によりましてはお答えできない場合がございます。

印刷所　株式会社美松堂
製本所　ナショナル製本

定価はカバーに表示してあります。

落丁・乱丁の場合は小社管理部宛にお送りください。送料は小社負担でお取り替えいたします。

ただし、古書店等で購入したものに関してはお取り替えできません。


本書に記載されている情報は2023年9月現在のものです。施設・店・商品の情報は変更になる場合があります。

また、記事に掲載されている値段は、税別が記載されている場合以外、基本的に消費税込みの価格になります。


ISBN978-4-8470-7368-7